VERSCHULDENSPRINZIP
VERURSACHUNGSPRINZIP

VON

G. MARTON
PROFESSOR AN DER UNIVERSITÄT DEBRECEN

1926

MÜNCHEN, BERLIN UND LEIPZIG
J. SCHWEITZER VERLAG (ARTHUR SELLIER)

DUNÁNTÚL R.-T. EGYETEMI NYOMDÁJA PÉCSETT

Verschuldensprinzip — Verursachungsprinzip*

Der Theorie der privatrechtlichen Verantwortlichkeitslehre wird der Vorwurf m. E. kaum erspart werden können, dass sie — trotz der Flut der diesbezüglichen Literatur — ihrer Hauptaufgabe nicht nachgekommen ist. Mehr als hundert Jahre nach dem Preussischen Landrecht, dem Code civil, dem Öst. Bürg. Gesetzbuche vermochte sie nicht eine umfassende, einheitliche Lehre des gesamten Haftungsgebiets herzustellen, insbesondere die von den genannten Gesetzbüchern in grosser Zahl aus früherem Recht beibehaltenen oder neu eingeführten Fälle der sog. objektiven (schuldlosen) Haftung mit denen der Verschuldenshaftung in Einklang zu bringen.

Denn es ist m. E. keine Lösung der Frage, wenn die Theorie, wie das heute im allgemeinen geschieht, die genannten objektiven Haftungsfälle einfach als *Ausnahmen* in das System der Verschuldenshaftung einzuräumen sucht, wo sie natürlich und notwendig nur einen fremden Körper bilden können; und es ist ebenso unzureichend, letztere unter sich unter einem nichts- (oder wenig-) sagenden Schlagwort wie „Kausalhaftung" zusammenzufassen, und zu glauben, den gemeinsamen Grund derselben in dem „Verursachungsprinzip" gefunden zu haben.

Andererseits sind die wenigen theoretischen Versuche (alle aus den letzten Jahrzehnten herrührend), dem System ein einheitliches Prinzip zu geben, *(Sjögren, Mauczka, Müller-Erzbach)* m. E. nicht als gelungen und befriedigend zu betrachten.

Ich glaube von der Wahrheit nicht allzu fern zu bleiben, wenn ich annehme, dass diese Unvollkommenheit der Theo-

---

* Vortrag, gehalten in der Stefan Tisza-Wissenschaftlichen Gesellschaft zu Debrecen (Sitzung Mai 1924.).

rie in nicht geringem Masse dazu beigetragen hat, dass das deutsche BGB sich gegenüber der sog. Kausalhaftung nicht nur prinzipiell ablehnend verhielt, sondern bei deren Zulassung auch in Einzelfällen engherzig genug verfuhr.[1]

Ich werfe der heute herrschenden Theorie eben als Grundfehler vor, dass sie die Erscheinungen der sog. Kausalhaftung gegenüber der als einzig rationell betrachteten Verschuldenshaftung, als *Ausnahmefälle* aufgefasst hat, welche mit dem natürlichen, gewöhnlichen Haftungsprinzip nichts gemein haben und dass sie auf solche Weise zwischen Normalhaftung und Ausnahmehaftung eine theoretisch unüberbrückbare Kluft geschaffen hat. Es ist nur eine Folge dieser (meiner Ansicht nach falschen) Grundauffassung, dass die heutige Lehre über Schadenhaftung voll Fiktionen, Inkonsequenzen, Unvollkommenheiten, ja praktischer Inkonvenienzen ist. Dieselben sind der Preis, welchen man, wie es scheint, ohne Bedenken zahlt, um alte, verehrte Ideen zu retten.

Die eine Quelle der Fehler erblicke ich nämlich in der kritiklosen Übernahme der römischen Haftungslehre in derjenigen Form derselben, in welcher sie in den justinianischen Rechtsbüchern uns entgegentritt. Die Auffassung, dass nur die Schuldhaftung die rationelle, selbstverständliche Haftungsart sei, zwingt notwendigerweise zu der Ansicht, welche

---

[1] Nicht erheblich weiter geht das Schweizerische Obligationenrecht (Art. 41—61.). Dagegen folgt der ungarische Entwurf in dieser Hinsicht dem deutschen Beispiel nicht. Entscheidend ist der §. 1486 (Kommissionstext §. 1489.), welcher an die Spitze des Titels „Schuldlose Schadenstiftung" gesetzt, in voller Allgemeinheit ausspricht: „Wer das rechtlich geschützte Interesse eines anderen widerrechtlich, jedoch schuldlos verletzt, ist verpflichtet, den dem Verletzten daraus entstandenen Vermögensschaden, wenn derselbe nicht anderswoher ersetzt wird, insofern zu ersetzen, als Billigkeit es mit Rücksicht auf die obwaltenden Umstände, insbesondere auf die Vermögensverhältnisse der Interessenten erfordert." — Das Zivilgesetzbuch der russischen Sovjet-Republik, dessen französische Übersetzung (von *J. Patrouillet* und *R. Dufour*, Paris, 1925.), mir nur während des Druckes zukam, stimmt im Endergebnis mit dem ung. Entwurf insofern überein, als es dem Richter gestattet (art. 406.), die Haftpflicht des Schadenstifters mit Rücksicht auf die Vermögensverhältnisse beider Parteien auch dann festzustellen, wenn dieselbe sich aus den diesbezüglichen gesetzlichen Bestimmungen (art. 403—405.), welche von denen der europäischen Zivilgesetzbücher nur gewissermassen in der Formulierung, nicht aber im Wesen abweichen, nicht ergeben würde. Neu ist nur die Vorschrift des art. 411., nach welcher der Richter den Umfang des Ersatzes *immer*, in jedem einzelnen Falle, nach dem erwähnten Billigkeitsmoment zu bestimmen hat.

in der objektiven (schuldlosen) Haftung eine anomale, unlogische, nur aus praktischen Rücksichten zu rechtfertigende Erscheinung erblickt, was schon für das römische, umsomehr für das heutige Recht unrichtig ist.

Als eine zweite Quelle der Fehler erachte ich aber den Umstand, dass man das gemeinsame Grundprinzip dieser anomalen Haftungsfälle in dem Moment der *Verursachung* aufzufinden glaubte. So trat das Verursachungs- (Veranlassungs-) prinzip, als ein zweitklassiger Tragpfeiler neben das Schuldprinzip. Beide sollten den Bau des gesamten Haftungssystem tragen. Dass diese Auffassung eine völlig verfehlte ist, glaube ich unten dartun zu können.

Meine Aufgabe wird also sein, zuerst eine Kritik der beiden Prinzipe, sowohl des Verschuldens-, als auch des Verursachungsprinzips zu geben.

Mit Hilfe der bei dieser kritischen Untersuchung gefundenen Gesichtspunkte hoffe ich aber einen weiteren Schritt machen und die Umrisse eines einheitlichen Haftungssystems entwickeln zu können, in welchem diese beiden, bisher mit Unrecht getrennten Haftungsarten in ein harmonisches Ganze verschmelzen.

Meine Mühe wird vollauf belohnt werden, wenn ich in dieser Hinsicht auch nur einige Gedankensplitter zur Weiterförderung der Theorie beitragen kann.

I.

Ich habe oben der herrschenden Lehre den Vorwurf gemacht, dass sie voll Fiktionen und Inkonsequenzen ist. Das ist der Fall in erster Reihe bei der Schuldhaftung.

Ich muss hier vor allem auf den schreienden Widerspruch hinweisen, welcher zwischen der herkömmlichen, gemeingebrauchten Definition des Schuldbegriffes und deren praktischer Durchführung in Einzelkonsequenzen besteht.

Jedes Lehrbuch, ob zivilrechtliches oder strafrechtliches, lehrt uns übereinstimmend, dass wir unter Verschulden nichts anderes verstehen müssen, als eine gewisse subjektive Vorwerfbarkeit, welche das innere (Willens-) Verhalten des Handelnden gegenüber einem gewissen eingetretenen Erfolg betrifft. Des näheren, eine „Willensbeschaffenheit, welche es ermöglicht, einen eingetretenen üblen Erfolg ... auf jenen Willen als seine Ursache zurückzuführen."[2] Diese Willensbeschaffenheit offenbart sich entweder in einem direkten rechtswidrigen Wollen[3] (dolus, Vorsatz), oder in einem „Mangel an der gehörigen Sorgfalt, durch welche der eingetretene Erfolg hätte vermieden werden können",[4] in einem „Mangel an erforderlicher Geistesspannung"[5] (culpa, Fahrlässigkeit). Beide Arten des Verschuldens sind also *Willensfehler:*[6] erstere ein direktes Entgegentreten gegen die Rechtsordnung, letztere eine Willensfaulheit gegenüber den voraussehbaren schädlichen Wirkungen des Handelns.[7]

Diese Begriffsbestimmung, welche, wie man sieht, mit dem im Leben und in der Ethik angenommenen Verschuldensbegriff völlig übereinstimmt, kommt aber in der praktischen Rechtsanwendung nicht zur Geltung. Es scheint, als ob dieselbe nur für das Schaufenster bereitet wäre, während im Geschäfte etwas anderes verkauft wird.

Aus dieser Begriffsbestimmung folgt nämlich, dass nur derjenige schuldig ist, gegen dessen Willensverhalten aus dem jetzt behandelten Gesichtspunkt ein Vorwurf gemacht werden kann, das heisst der den rechtswidrigen Erfolg gewollt hat oder dessen Willensfaulheit (Unachtsamkeit) beim Eintreten des Erfolges mitgewirkt hat.

Demgegenüber wird in der Wahrheit unter dem Titel „Schuld" auch der *Nichtschuldige* verantwortlich gemacht, d. h. derjenige, welcher den Erfolg weder gewollt, noch durch

---

[2] Vgl. *Seckel* im *Heumann's* Handlexikon sub *culpa* 2.

[3] So die herrschende sog. Willenstheorie; im *Vorstellen* des Erfolges nach der sog. Vorstellungstheorie. Hier interessiert uns der Widerstreit der beiden Theorien nicht, da Vorstellen eine ebenso innere, seelische Erscheinung ist, wie Wollen. Übrigens setzt auch die Vorstellungstheorie ein Wollen als Bedingung der Schuld voraus, vgl. *Frank:* Üb. Aufbau des Schuldbegriffes S. 23.

[4] *Windscheid,* Pand. I. §. 101. bei A. 7.

[5] *Regelsberger,* Pand. 9. A. §. 179. I. 2., *Brinz,* Pand. 2. §. 250. bei A. 32.: „Nichtnichtwollen", d. h. „Mangel an Energie zur Vermeidung des Übels."

[6] So ausdrücklich *Regelsberger* a. a. O. *Enneccerus* Lehrb. 1. §. 196. I. etc.

[7] *Liszt,* Lehrb. §. 42. II. erfordert zum Begriff der Fahrlässigkeit: 1. Mangel an Vorsicht (Nichtanspannung der Aufmerksamkeit) und 2. Mangel an Voraussicht (Vorhersehenkönnen des Erfolges). Auch nach ihm ist also die Fahrlässigkeit, wenigstens was den 1. Punkt betrifft, ein Willensfehler. Über die Unterscheidung s. u. Anm. 24.

Unterlassung der gehörigen Anspannung seiner Geisteskräfte gefördert hat.[8]

Es sind zwei Erscheinungen, welche diese Behauptung rechtfertigen. Beide entspringen aus dem gemeinsamen Boden der *objektiven Bemessung.*

Erstens: Es ist bekannt, dass das Zivilrecht den Handelnden auch wegen der nicht vorausgesehenen, ja nicht voraussehbaren Wirkungen seines Handelns verantwortlich macht. So schon das römische Recht,[9] so das deutsche Recht.[10] Die heute sehr verbreitete Theorie der sog. adäquaten Verursachung sucht diesem Prinzip nur eine rationelle Grenze zu setzen, ohne das Prinzip selbst zu ändern. Diese adäquate Verursachung liegt bekanntlich bezüglich jeder weiteren Konsequenz der Handlung vor, deren Eintritt der Täter zur Zeit der Tat zwar nicht vorhergesehen hat, eventuell auch nicht vorhersehen konnte, welche aber ihrer allgemeinen Natur nach (generell), zwar nicht seitens des Täters, aber seitens eines Sachkundigen, eines „Idealmenschen" erkennbar gewesen sind, ja sogar, einer extremen Formulierung nach *(Rümelin)* auch dann, wenn der Kausalzusammenhang zur Zeit der Tat zwar niemanden erkennbar gewesen, aber nachträglich, vom Zeitpunkt der Beurteilung zurückschauend, dennoch erkennbar ist.

Das geltende Recht macht also den Täter — angeblich auf Grund eines Willensfehlers — für einen Erfolg oder für ein Erfolgsplus verantwortlich, welches mit seinem Willen gar nichts zu tun hat, weil er es weder gewollt, noch vorher-

---

[8] Gedanken und Argumente finden sich schon bei *Müller-Erzbach,* Gefährdungshaftung und Gefahrtragung, Arch. f. d. Civ. Prax. Bd. 106., S. 326., wenn auch, wie es scheint, etwas zweifelnd. — Es wird mir vielleicht gestattet sein, zu bemerken, dass ich selbst im Wege eigenen Denkens gerade zu demselben Ergebnis und zwar aus genau denselben Gründen wie Müller-Erzbach, gelangt bin, ehe ich den Aufsatz des genannten Schriftstellers gelesen habe. Meine im Text folgenden Ausführungen waren schon geschrieben, als seine Schrift mir in die Hände kam. Ich erwähne dies nicht um auch den geringsten Teil des Verdienstes M.-E.-s für mich zu vindizieren, sondern ausschliesslich, weil ich darin eine Bestätigung der Richtigkeit seines Gedankens erblicke. Ich gebe das von mir Geschriebene unverändert wieder, weil dasselbe den M.-E.-schen Gedanken in mancher Hinsicht ergänzt und weiterführt.

[9] Belege bei *Windscheid* II. §. 258. 2. und *Enneccerus* I. 2. §. 235. A. 4.

[10] *Enneccerus* a. a. O. — Eine Ausnahme im französischen Recht: Code civ. art. 1150., 1151.

gesehen hat, vielleicht auch nicht vorhersehen konnte. Dass dies keine *Schuldhaftung* ist, bedarf für mich keines Beweises. Wer jedoch einen Beweis dafür nötig hält, der kann sich leicht und sicher überzeugen, wenn er bedenkt, dass der nicht vorausgesehene oder gar nicht voraussehbare Erfolg bei der *ethischen* Beurteilung — und was ist das Schuldurteil anderes, als ein ethisches Urteil — dem Handelnden ohne Zweifel *nicht* eingerechnet wird. — Die Rechtsordnung, welche sich zur Aufgabe gesetzt hat, den Manifestationen der ethischen Schuld zu steuern, welche also diese Schuld als ein haftungsbegründendes Moment angenommen hat, verbleibt bei dieser Steuerung nicht in dem Rahmen der Schuld, sondern geht, was die Rechtsfolgen betrifft, darüber hinaus, indem sie den Täter auch für die *nichtverschuldeten* Folgen der in anderer Beziehung schuldhaften Handlung verantwortlich macht. Die Schuld gibt also hier offenbar nur die *Gelegenheit* zur Einführung der Haftpflicht, ein *Grund* derselben ist sie aber nicht. Es handelt sich hier um einem der vielen Fälle der *schuldlosen* Haftung.

Zweitens: Bekanntlich ist der Maßstab der Fahrlässigkeit im römischen Rechte die Sorgfalt des *diligens paterfamilias,* in dem modernen Rechte „die im Verkehr erforderliche Sorgfalt" (BGB),[11] also ein abstrakter, von individuellen Eigenschaften des Täters unabhängiger objektiver Maßstab.

Es liegt auf der Hand, dass dieser Maßstab für einen beträchtlichen Teil der Menschen zu hoch, für sie nicht erreichbar ist, indem er ihre Fähigkeiten überschreitet. Ein leichtsinniger, oberflächlicher, zerstreuter, vergesslicher, nervöser Mensch wird keineswegs die besonnene Überlegung, das vorsichtige Nachdenken, die misstrauische Kontrolle des *bonus paterfamilias* leisten können.

Wollte man hier mit der Begriffsbestimmung Ernst machen, so würde man höchstens *eine* Art der Fahrlässigkeit zulassen dürfen, diejenige nämlich, welche die Theorie unter dem Namen *culpa in concreto* kennt. Darin wäre wirklich Logik: wenn der Handelnde anderen gegenüber *nicht* mit derselben Sorgfalt verfährt, mit welcher er in seinen eigenen

---

[11] „Die gemäss der Auffassung des Lebens von einem ordentlichen Menschen erforderliche Sorgfalt" (Ung. Entw.).

Angelegenheiten zu verfahren pflegt, dann kann ihm mit Recht eine Willensfaulheit vorgeworfen werden, nachdem der Beweis offen liegt, dass er auch sorgfältiger handeln *könnte.*[12]

Im Gegensatze dazu ist diese sog. *culpa in concreto* bekanntlich sehr beschränkt, nur in einzelnen Vertrauensverhältnissen zugelassen. (Der ungarische Entwurf lässt sie ganz fallen. — Vergl. Kommissionsverh. ad §. 34.). In anderen (regelmässigen) Fällen gilt im Gesetz der objektive Maßstab der „im Verkehr erforderlichen Sorgfalt" und in der Gesetzesauslegung gilt als herrschende Meinung diejenige, welche diesen objektiven Maßstab nicht nur bezüglich der strikt genommenen *Sorgfalt,* sondern auch allen anderen geistigen oder gar körperlichen *Fähigkeiten* des Handelnden gegenüber aufstellt, und so ihn für jedes Hinterbleiben nach dem objektiven Maßstab verantwortlich macht. Dieser Gedanke klingt übrigens schon aus den römischen Quellen heraus: *imperitia culpae adnumeratur (Celsus).*[13]

Über diesen unbequemen Punkt hat sich die Pandektentheorie mehr oder minder leicht hinweggesetzt.[14] Seit *Dernburg*[15] aber, der zum erstenmal für die objektive Bemessung auch in dieser Hinsicht Stellung genommen hat, ist diese Ansicht rasch die herrschende geworden.

Dieser Ansicht nach wird also der Handelnde unter einen Maßstab gestellt, dessen Erfüllung ihm gegebenen Falles unmöglich sein wird. Ich füge hinzu, dass dieser Standpunkt auch meiner Ansicht nach nicht nur zu billigen, sondern geradezu unabweisbar ist, da die entgegengesetzte Auffassung jeden geschäftlichen und gesellschaftlichen Verkehr unmöglich machen und für den Schuldner ein ganzes Labyrinth der falschen Ausflüchte eröffnen würde.

---

[12] Genauer: auch dieselbe *culpa in concreto* kann auf zweierlei Art gemessen werden. Entweder mache ich mir einen ständigen, aus der in vielen Fällen erwiesenen Handlungsweise des Betreffenden abstrahierten Maßstab, welcher also zwar individuell, aber bis zum gewissen Grade objektivisiert ist (ein Leisten nach eigenen Fussformen), oder bemesse ich sein Verhalten genau nach den im gegebenen Falle vorgelegenen inneren und äusseren Verhältnissen. Offenbar entspricht Letzteres mehr, es entspricht ja allein der Begriffsbestimmung, da unter Umständen auch der ständige persönliche Maßstab sich zu wenig anschmiegen wird (der Leisten passt nicht, weil der Fuss angeschwollen ist).

[13] Vgl. *Leonhard,* Fahrlässigkeit u. Unfähigkeit, 1913. S. 31.

[14] Die Literatur bei *Leonhard* a. a. O. S. 22. f.

[15] Pand. §. 74. 2. — Vergl. *Leonhard,* S. 4. u. 23.

Gegenüber der herrschenden Meinung sucht zwar eine Minderheit von Autoren die Geltung der *subjektiven* Bemessung zu erkämpfen, was vom Standpunkte des Verschuldensprinzips allerdings ganz logisch und konsequent ist; allein aber der Umstand, dass jeder dahin zielende Versuch an den praktischen Konsequenzen unrettbar einen Schiffbruch erleidet, zeigt aufs deutlichste die Unhaltbarkeit des Grundprinzips selbst.

Einzelne dieser Schriftsteller proklamieren die Forderung der subjektiven Bemessung kurz und gut, ohne sich mit den Konsequenzen auseinanderzusetzen, nur von der Logik und einer an sich achtungswürdigen Gerechtigkeitsgefühl geleitet.[16] Mit diesen beschäftige ich mich nicht.[17] Ich glaube die Unhaltbarkeit der Lehre am besten an dem Beispiel desjenigen Schriftstellers erweisen zu können, der die Frage in neuerer Zeit am eingehendsten behandelt hat. Ich meine *Leonhard's* Abhandlung,[18] welche, wie es scheint, neue angesehene Anhänger für die subjektive Lehre gewonnen hat.[19]

Auch *Leonhard's* Grundgedanke, mit dessen Betonung er seine Erörterung beginnt und endet, ist der durch das Gerechtigkeitsgefühl suggerierte Satz: „Ungerecht und grausam wäre es, den, der sich alle redliche Mühe gegeben, für seine Unfähigkeit haftbar zu machen.[20]

Gut. — Die primitivste Folgerung dieses Standpunktes wäre es aber dann, den Handelnden in *jeder* Richtung nach seinem eigenen Maßstab zu beurteilen, sowohl in Hinsicht seiner beim Handeln bezeugten *Sorgfalt,* als seiner *anderen Fähigkeiten* (Vernunft, Kenntnisse, Sachkunde, Geschicklichkeit, Körperkraft etc.). *Leonhard* macht trotzdem einen

---

[16] So z. B. *Liszt* Grenzgebiete S. 16., Deliktsobl. S. 55., *Cosack* Lehrbuch I. §. 71. 2. b. a., *Zitelmann* Grundriss I. S. 158., *Landsberg* §. 234., *Brütt* Kunst d. Rechtsanwendung S. 134.

[17] Auch nicht mit dem Aufsatze von *Brodmann* Arch. f. C. P. B. 99. S. 367. ff., in dessen weitläufigen polemischen Ausführungen (bes. S. 341—390.) ich nichts gefunden habe, was zu berücksichtigen ich bei der gleich unten folgenden Besprechung der *Leonhard*'schen Schrift nicht die Gelegenheit haben werde.

[18] Fahrlässigkeit u. Unfähigkeit. Marburger Festgabe für Enneccerus. 1913. (Zitiert nach dem S. A.).

[19] Vgl. *Enneccerus* Lehrb. §. 197. A. 6. (von der 9. Aufl. an). *Planck-Siber* Komm. 4. A. Bd. II. 1. S. 221.

[20] A. a. O. S. 3. — Ähnlich *Brodmann* a. a. O.: „schreiende Ungerechtigkeit", „barbarische Haftung" (S. 354.), „das Ungeheuerliche ... in der Lehre Dernburgs" (S. 370.).

Unterschied zwischen den beiden: die individuelle Bemessung fordert er ausschliesslich für die *anderen* Fähigkeiten, er beharrt dagegen auf das entschiedenste bei der objektiven Beurteilung der *Sorgfalt.*[21] — Aus welchen Gründen? — Er bleibt uns die Antwort schuldig.[22] Denn es kann doch nicht als eine Begründung angesehen werden, dass er einfach auf den geschriebenen Gesetzestext und auf die angeblich ähnliche Regulierung im römischen Recht hinweist.[23] — Diese Begründung wäre doch höchst wünschenswert, weil jedem, der auch nur eine Ahnung von den Erscheinungen des Seelenlebens hat, klar ist, dass die Willensfähigkeiten ebensolche natürlichen, im Organismus gegebenen Grundlagen haben, wie die sonstigen Geistesfähigkeiten. Ja ohne alle naturwissenschaftlichen Kenntnisse, auf Grund der Erfahrungen des täglichen Lebens weiss jedermann, dass die Sorgfalt und deren Gegensätze: Fahrlässigkeit, Leichtsinnigkeit, Unachtsamkeit, Zerstreutheit, Übereiltheit, Heissblütigkeit, Nervosität u. a. ebenso unablegbare, naturgemässe Seeleneigenschaften des Menschen sind, wie Klugheit oder Dummheit, Geschicklichkeit oder Unbeholfenheit etc. — Den Schuldner freisprechen zu wollen wegen Mangel an einer dieser Fähigkeiten, ihn zu verurteilen trotz Mangel an einer anderen derselben Fähigkeiten, widerspricht aller Logik; es widerspricht ja eben demselben Gerechtigkeitsgefühl, auf welchem *Leonhard* alles aufgebaut hat. Es ist ja ebenso „ungerecht und grausam", wegen Willensschwäche denjenigen haftbar zu machen, der von Natur aus willensschwach ist, wie wegen Dummheit denjenigen zu verurteilen, der dumm geboren ist. Es scheint, als wenn das Leben dise Grausamkeit erfordern würde.

Der echte Grund, welcher *Leonhard* zu dieser Unterscheidung zweifelsohne geführt hat, ist, wie ich glaube, in einem inneren Konflikt zu suchen, welcher bei ihm zwischen seinem auf die herkömmliche Verschuldenslehre sich stützen-

---

[21] S. 19. — Ebenso *Brodmann* bes. S. 374.

[22] Ein Versuch einer, freilich nicht zu klaren und nicht zu überzeugenden Begründung bei *Brodmann* a. a. O. Dort heisst es: „Wir müssen eine in diesem Sinne alle Individuen in gleichem Masse treffende Verantwortlichkeit hinnehmen wie ein Postulat, und dürfen uns dadurch nicht stutzig machen lassen an der Gerechtigkeit der Zurechnung überhaupt." — Warum nur hier, warum auch dort nicht?

[23] S. 19. vespricht er den Beweis auf §. 5., dort ist aber ausser den im Text Erwähnten kein Spur eines anderen Beweises.

den Gerechtigkeitsgefühl einerseits, und seinem scharfen und gesunden rechtspolitischen Sinn andererseits entstanden ist. Ersteres führt ihn konsequenterweise dazu, nur den wirklich „Schuldigen“ haften zu lassen, Letzterer aber gestattet ihm nicht, die Idee der Verantwortlichkeit im Sumpfboden der entschuldigenden Berufungen auf individuelle Mangelhafigkeiten versinken zu lassen. Nachdem diese zwei Tendenzen untereinander im unausgleichbaren Gegensatze stehen, so ist die Lehre von *Leonhard* die Resultante der beiden auseinanderstrebenden Kräfte geworden. Er sucht bis zum gewissen Masse jeder von beiden genug zu tun, dem Gerechtigkeitsgefühl, indem er die verhältnissmässig leichter erkennbaren Fälle der Fähigkeitsfehler von der Haftung ausnimmt, dem Verkehrsinteresse, indem er die kaum kontrollierbaren Fälle des Willensfehlers, deren Befreiung von der Haftung besonders gefährlich sein würde, für die rechtliche Verantwortlichkeit doch hinüberretten will. Dabei wird aber die Logik zum Opfer gebracht, das Verkehrsinteresse erleidet schwere Schäden, und das Gerechtigkeitsgefühl ist doch nicht gerettet.

Fügen wir noch eins hinzu. *Leonhard* selbst will den objektiven Massstab auch auf die „anderen“ Fähigkeiten ausbreiten in dem Falle, wenn der Schuldner die Handlung, zu der gewisse Fähigkeiten nötig sind, *vertragsmässig* versprochen hat, und zwar nicht nur, wenn er seine Fähigkeit schuldhaft überschätzt hat, sondern auch dann, wenn er sich diesbezüglich in schuldlosem Irrtum befunden (S. 51.), ebenso ausserdem auch dann, wenn er sonst, in ausserkontraktlichen Verhältnissen, Dinge, die sich dann später für ihn zu schwierig erwiesen, *freiwillig übernommen* hat. (S. 52. f.).

Es ist aber klar, dass mit Hilfe dieser beiden Vorbehalte der grösste Teil der soeben ausgenommenen Fälle der Fähigkeitsfehler wiederum der objektiven Bemessung unterschoben wird. Es wird ja noch ein kleiner Rest von Fällen übrigbleiben, wo man nicht „freiwillig“ handelt, etwa infolge Aufforderung der Behörde, im Notfall, bei inzwischen eingetretenen Unfähigkeit etc. *Tant de bruit pour une omelette!*

Der Kunstgriff, mit welchem *Leonhard* dieses Unterschieben vollbringt, ist die Figur des durch die Unternehmung begangenen Verschuldens, also die wohlbekannte *culpa in contrahendo* (resp. *in suscipiendo*). Damit ist alles gesagt. *Leonhard's* Annahme, dass jemand, der eine Aufgabe freiwillig übernimmt und dann bei der Ausführung derselben zu schwach befunden wird, *eo ipso* schuldhaft in dem Übernehmen war, ist eine ebensolche Fiktion, wie diejenige, dass bei Verpflichtung auf eine unmögliche Leistung der Kontrahent notwendig schuldhaft gewesen sein muss. Das ist nichts anderes, als ein Hineindichten des Verschuldens dorthin, wo es in der Tat fehlt.

Alles das erweist m. E. unwiderlegbar, dass jede subjektive Bemessung bei der Fahrlässigkeitsfrage in dem Zivilrecht durchaus ausgeschlossen ist, wenn *Leonhard* selbst, trotz aller Aufopferung der Logik, nur einen geringen Teil der Fälle für die subjektive Beurteilung retten konnte. Der Massstab der Fahrlässigkeit im Zivilrecht ist und kann kein anderer, als ein objektiver, abstrakter sein,[24] welcher also keine Rücksicht auf die individuellen Eigenschaften des Täters nehmen kann und demgemäss mit jenem Verschuldens-

---

[24] Eine eigentümliche, irreführende Formulierung befindet sich bei *Liszt* Deliktsobligationen S. 55. (auch im Lehrbuch §. 42. II. s. oben Anm. 8.). und ihm folgend bei *Planck-Siber* Komm. 4. Ausg. §. 276. 2. b. β. aa. und bb. (S. 220—221.). Nach Letzterem: „aa. Die *Sorgfalt*... bestimmt sich nicht nach dem individuellen Verhältnissen des Täters, sondern nach dem *objektiven* Massstab dessen, was *im Verkehr erforderlich ist*... bb. Die Frage, *ob die Ausserachtlassung* der objektiv erforderlichen Sorgfalt *verschuldet* ist, kann sich dagegen nur nach den *individuellen Verhältnissen* des Täters bestimmen." — Das kann nur verstanden werden: hat jemand einen Schaden gestiftet, so muss man erst feststellen, was der objektive Massstab, die im Verkehr erforderliche Sorgfalt, im gegebenen Falle diktiert hätte. Hat der Täter dem entsprochen, so ist die Sache erledigt. Hat er es nicht getan, so ist weiter zu untersuchen, ob er nach eigenem Masse dem entsprechen konnte. Wenn ja, ist er schuldig, wenn nicht, ist er haftfrei. (So ungefähr *Liszt* Deliktsobl. a. a. O.). — Ich habe diese Aufstellung als irreführend bezeichnet, weil dieselbe den Anschein erweckt, als ob hier die objektive Bemessung in erster Reihe zur Anwendung käme und daneben der subjektive Gesichtspunkt nur aushilflich diente. Davon ist aber keine Rede. Wenn ich im Endergebnis die Schuldhaftigkeit des Täters nach seinen individuellen Verhältnissen bestimme, so ist das, dass ich vorher mir zur Vergleichung vorgestellt habe, was die verkehrsübliche Sorgfalt im gegebenen Falle erfordert hätte ein reines Spiel, ein unnützer Zeitvertreib, nachdem das so gewonnene Idealbild keinen Einfluss darauf ausüben wird, ob ich die Schuld des Täters feststelle oder nicht, wenn ich dieselbe endlich doch nach seinen persönlichen Eigenschaften bemesse. — Oder hat diese eingeschaltete Operation höchstens den Nutzen, übernormale Menschen von der Verantwortlichkeit zu entbinden, wenn sie ihrem ausserordentlichen Maßstab zwar nicht genügt, aber wenigstens das gewöhnliche Verkehrsmass doch erreicht haben. Ich glaube nicht, dass *Liszt* und *Siber* nur darauf gezielt hätten. — Ob diese Interpretation dem Wortlaut und dem Sinn des Gesetzes entspricht oder nicht, lasse ich hier auf sich beruhen.

begriffe, der auf dem Fehler des Willens des Handelnden begründet ist, in schroffem Gegensatze steht. Es steckt ein wunderbarer Widerspruch in dem Vorgehen derjenigen Schriftsteller,[25] die diese beiden Dinge ohne Bedenken miteinander in Verbindung bringen und in einem Atem diese beiden, sich gegenseitig ausschliessenden Sätze lehren: in dem einen Absatz, dass die Fahrlässigkeit ein *Willensfehler* sei, in dem anderen, dass der Maßstab dieses Willensfehlers ein auf jenen Willen gar keine Rücksicht nehmendes abstraktes Musterbild sei.[26]

Einer der beiden Sätze muss offenbar fallen. Die Wahl ist: entweder behalte ich den herkömmlichen Verschuldensbegriff, dann muss ich den objektiven Maßstab ganz eliminieren und denselben durch den subjektiven ersetzen und zwar in *allen* Beziehungen, nicht nur die „Fähigkeiten", sondern auch die Sorgfalt betreffend; — oder beharre ich bei dem objektiven Maßstab, dann bin ich genötigt den herkömmlichen Begriff der Schuld zu verwerfen.

Die erste Alternative, — wir haben es an dem Beispiel *Leonhard's* gesehen, — kann nicht einmal in Frage kommen. Es kann einfach keine Rechtsordnung existieren, die die Fahrlässigkeit (Sorgfalt und Fähigkeiten) subjektiv bemisst. — Es bleibt also die zweite.

Hier eröffnen sich wiederum zwei Möglichkeiten.

Entweder — um das tausendjährige Symbol der Verschuldung zu retten, — versuche ich unter dem alten Namen einen neuen, nach den Erforderungen des Lebens zugeschnittenen Verschuldensbegriff zusammenzuschmieden, — oder verwerfe ich das alte Prinzip ganz und gar.

Den ersten Weg hat M. *Rümelin* angeschlagen.[27] Ausgehend davon, dass die *strafrechtliche* Schuld wirklich eine den konkreten Fähigkeiten des Täters zugemessene *Willens*schuld ist, und andererseits in der festen Überzeugung, dass der objektive Maßstab im Zivilrecht in allen Beziehungen (auch die Fähigkeiten betreffend) anzuwenden ist, behauptet er bewusst für das Zivilrecht, speziell für das Schadenersatz-

---

[25] So z. B. *Dernburg* Pand. §. 74. bei A. 3. u. 9. *Enneccerus* Lehrb. §. 196. 1. u. §. 197. 3. etc.

[26] Die Inkonsequenz hat schon *M. Rümelin* erkannt, Das Verschulden im Straf- u. Zivilr. S. 51. A. 2.

[27] Das Verschulden im Straf- u. Zivilrecht. 1909.

recht die Notwendigkeit der Aufstellung eines anderen, vom strafrechtlichen abweichenden Schuldbegriffes, und versucht denselben mit Rücksicht auf diese speziellen Forderungen aufzubauen. Er gelangt auf diese Weise zu folgender Begriffsbestimmung: „das Verschulden im gewöhnlichen technischen Sinne des Zivilrechts (ist) zu bestimmen als die Abweichung des zurechnungsfähigen Menschen von einem für sein Verhalten vorausgesetzten Normaltypus.“ (S. 52.).

Diesem im Wege folgerichtiger Beobachtung der Konsequenzen zustande gebrachten Schuldbegriff gegenüber taucht aber mit Recht die Frage auf, ob derselbe noch im Ernst eine Schuld genannt werden kann.

Die Benennung „Verschulden“ setzt im Sprachgebrauch ebenso wie in der Ethik und in der Rechtswissenschaft eine gewisse Rüge, eine Vorwerfbarkeit voraus. Ist diese Vorwerfbarkeit noch darin enthalten, dass jemand *vom Normaltypus abweicht?*

Es ist ja wahr, dass der gemeine Mensch des Lebens geneigt ist, in der Unwissenheit, Ungeschicklichkeit etc., selbst wenn dieselbe auf ein körperliches Gebrechen zurückgehen, diese Vorwerfbarkeit in gewissem Masse aufzufinden. Die Äusserungen dieser Mangelhaftigkeiten, wenn dieselben ihm unbequem oder schädlich sind, erwecken seine Rüge, ja seinen Zorn, nicht minder wie Faulheit und sonstige Willensversäumnisse; er nennt alle beiden „Fehler.“

Auf dieser Auffassung beruht, wie allgemein bekannt, der Verschuldensbegriff und das Haftungssystem der Urgesellschaft.

Aber ist es möglich heute den Verschuldensbegriff auf dieses instinktive Benehmen der nicht analysierenden primitiven Menschenseelen aufzubauen? Besteht nicht der Fortschritt der sich vertiefenden menschlichen Erkenntnisfähigkeit darin, dass er jenen rohen Begriff verfeinert, ihn aus einem rein Äusserlichen zu einem Innerlichen macht und ihn an ethische, also *Willens*momente anknüpft?

Der heutigen Gesellschaft, — das gibt *Rümelin* selbst zu (S. 8.), — ist in der bewussten Erwägung dieser verfeinerte, innerlich gewordene Verschuldensbegriff ihr Eigen geworden, und wenn auch die andere, uralte Denkweise in der Tiefe der Menschenseele noch immer unausrottbar steckt, so ist sie doch absolut nicht mehr geeignet, einer wissenschaftlichen Theorie als Fundament zu dienen. Es kann sein, dass der Gesetzgeber — aus Zweckmässigkeitserwägungen — jemanden auch wegen der nicht-willentlichen Mängel seines Verfahrens haftbar macht, aber dass die Theorie denselben noch „schuldig" brandmarke, das ist durchaus unzulässig.

Nicht zu vergessen ist hier, dass das Verschulden im Gebiete des Rechts nur ein Lehnbegriff ist. Sein Ursitz ist auf dem Boden der Ethik. Dass aber *hier* nur ein rein subjektiv aufgefasster Schuldbegriff gelten kann, ist kaum zu bezweifeln. — Nun wäre es meiner Einsicht nach ein gänzlich unhaltbares Vorgehen, einen Begriff einem anderen Wissenschaftszweig zu entlehnen, dann aber, weil er in seiner neuen Verwendung nicht vollkommen passt, ihn nach dem Hausbedarf umzugestalten, denselben jedoch weiterhin mit dem alten Namen zu benennen, und auf solche Weise den Anschein der Begriffsidentität aufrechtzuerhalten. Es wäre seltsam, wenn auch der Arzt mit den chemischen, physischen etc. Begriffen so verfahren würde. Wenn ich die privatrechtliche Schadenersatzpflicht auf das Verschulden aufbauen will, so darf ich unter Verschulden nichts anderes verstehen, als was darunter dort verstanden wird, wo der Hauptsitz des Begriffes ist, also in der Ethik. Passt *dieser* Begriff meinem System nicht, dann muss ich offen eingestehen, dass mein System *nicht* auf demselben beruht.

Noch eins ist zu bemerken. — Selbst im Gebiete des Privatrechts gibt es Fälle, in denen der rein ethische (subjektive) Verschuldensbegriff in Anwendung kommt. *Rümelin* selbst macht diese Fälle namhaft.[28] Das zeigt noch anschaulicher

---

[28] S. 34—35.: Rücktritt vom Verlöbnis, Ehescheidung auf Grund des Verschuldens des anderen Teils (BGB. §§. 1299., 1565—8., auch 1933., 2077.), notdürftiger Unterhalt (§. 1611.). Dagegen kann ich ihm nicht beistimmen, wenn er (S. 50. A. 2.) einige Fälle, in denen das Gesetz gewisse Vorteilsverluste vom Verschulden des Handelnden abhängig macht (Ausbleiben des Eigentumserwerbs, §. 932., Verlust des Rücktrittsrechts §§. 460., 539.), wiederum der objektiven Beurteilung zuweist, also das Verschulden auch bei denselben als Abweichung vom Normaltypus auffassen will. Das Gesetz spricht ja hier von „grober Fahrlässigkeit." Als solche kann aber die blosse Abweichung vom Normaltypus doch kaum betrachtet werden. Ich glaube im Gegenteil, dass das Gesetz mit der Bezeichnung „grobe Fahrlässigkeit" hier nur die subjektive Beurteilung versichern wollte, statt der regelmässig angewendeten objektiven. Der jetzige Text schiesst m. E. über das Ziel hinaus. — Im §. 121. Abs. 1. kann nur von einer subjektiv „schuldhaften Zögerung" die Rede sein, da die Zögerung eben mit der *Kenntnis* beginnt.

die Unrichtigkeit des Vorgehens, welches einen Universalbegriff auf partiellen Gebrauch umformt. Es ist unmöglich von einer strafrechtlichen, familienrechtlichen, schadensersatzrechtlichen u. s. w. Schuld als von untereinander abweichenden Begriffen zu sprechen. Ein so zergliederter Begriff würde keinen Wert haben.

Nehmen wir noch hinzu, dass auch der so umgestaltete Begriff nicht genügt, gesamte im geltenden Recht bekannte Fälle der Schadenersatzpflicht zu decken. Es gibt Haftungsfälle, die nicht einmal in den *Rümelin*'schen Schuldbegriff hineingezwungen werden können (Betriebsunfälle, Schadenstiftungen der Wahnsinnigen, Kinder etc.), so hat diese theoretische Anstrengung nicht einmal den Vorteil, dem gesamten Schadenersatzrecht ein einheitliches inneres Fundament zu geben.

Mein Ergebnis ist also bei diesem Punkte, dass der auf Grund der objektiven Beurteilung konstruierte Verschuldensbegriff unannehmbar ist, weil dies *kein Verschulden* ist; der *echte* Verschuldensbegriff kann dagegen der Haftung nicht als Fundament dienen, weil er dazu *nicht ausreicht.*[29]

Ich habe die Frage bisher rein theoretisch betrachtet. Jetzt muss ich noch auf die *praktische* Mangelhaftigkeit des Verschuldensprinzips kurz hinweisen, was das Bild ergänzen und zugleich die Quelle der theoretischen Schwankungen bei der Bemessung der Fahrlässigkeit aufdecken wird.

Diese praktische Schwierigkeit besteht in der treffend als *Beweisnotstand* bezeichneten Erscheinung.

Dieser „Beweisnotstand" ist zwar in der Literatur erkannt, jedoch noch immer nicht seiner ganzen Wichtigkeit

---

[29] Ich habe die strafrechtliche Seite der Frage absichtlich unberücksichtigt gelassen, um meine Erörterungen nicht allzusehr zu verschleppen. Um meine Ansicht hierüber kurz zusammenzufassen, — ich glaube, dass auch die strafrechtliche Theorie in der Haftungs-, insbesondere in der Fahrlässigkeitslehre so lange nicht zum Ruhepunkt gelangen wird, bis man endlich nicht eingesteht, eine Haftung ohne Verschulden auch im Strafrecht anzunehmen, da gerade die beiden oben hervorgehobenen Erscheinungen: Berechnung der nicht vorausgesehenen Folgen der Handlung und objektive Bemessung der Sorgfalt (vgl. zum letzteren *Liepmann* Einführung i. d. Strr. S. 143. ff.) sich auch im Gebiete des Strafrechts wiederholen und genau zu denselben Inkonsequenzen der Lehre geführt haben, wie im Zivilrecht.

gemäss gewürdigt worden,[30] während doch eben darin die Schwierigkeit steckt, an der das ganze Prinzip scheitert und wodurch die Theorie in peinliche Inkonsequenzen hineingetrieben wird.

Der Ausdruck bedeutet den Zustand, in dem der Beschädigte sich befindet, wenn er die Schuldhaftigkeit seines Gegners zu beweisen hat, was natürlich in dem Verschuldenssystem im Prinzip auf ihm lastet. Die Notlage besteht darin, dass der Beschädigte die Tatumstände oft nur dürftig oder gar nicht kennt, während der Schadenstifter, der natürlich sein eigenes Verhalten vollständig überblickt, im Stande ist, alle möglichen Vorteile der Lage auszunützen, durch Verschweigen oder Verhüllen der erschwerenden Momente, durch Hervorheben der Entlastungsumstände oder gar Erdichten von solchen seine Beurteilung mildern kann, während der Verletzte diesen Manövern sozusagen machtlos gegenübersteht. — Die modernen Gesetzbücher suchen in dieser Notlage dem Verletzten durch die Umdrehung der Beweislast zu Hilfe zu kommen. Damit ist aber die Schwierigkeit nur zum Teil abgelehnt: der Verletzte hat ja oft nicht einmal die Möglichkeit, die Angabe des Gegners zu kontrollieren, seine Entlastungsgründe zu überprüfen, seine Ausreden zu enthüllen. Man bedenke nur den Fall, wo der Geschädigte in einer anderen Stadt, in einem anderen Lande wohnt und von dem Schaden nur spät Kenntnis erhält. Was kann er machen? Wie soll er den ihm unbekannten Schädiger, dessen Aussagen unter unbekannten Verhältnissen wirksam kontrollieren?[31]

Das Gesagte gilt auch, wenn wir, mit der herrschenden Lehre, bei der Beurteilung ausschliesslich den rein-objektiven Maßstab anwenden. Man soll sich nur das Chaos und den Wirrwarr vergegenwärtigen, der hier entstehen würde, wenn wir die Möglichkeit der Verteidigung auf den sumpfigen Boden der individuellen Fähigkeiten ausdehnen würden. *Darum* ist es unmöglich, der subjektiven Bemessung Raum zu

---

[30] Vgl. jedoch Gustav *Rümelin* im A. f. C. P. Bd. 88. S. 300. — Auch *Müller-Erzbach* daselbst Bd. 106. S. 317. f., der es ausdrucksvoll als einen Krebsschaden der Verschuldenshaftung kennzeichnet.

[31] Mit Recht weist *Müller-Erzbach* a. a. O. S. 320. auf die aus dieser Anordnung unbedingt entstehenden *Rechtsunsicherheit* als Hauptnachteil hin, welche ihrerseits ein Nährboden erbitterter Prozesse und der damit verbundenen Kostenvergeudung ist.

geben, *darum* muss der Schädiger, wenn auch dem allgemeinen Gerechtigkeitsgefühl zuwider, unter den eventuell nicht für ihn zugeschnittenen objektiven Maßstab gestellt werden.

In dieser Beweisnotlage gibt es nur einen sicheren und radikalen Ausweg: die Möglichkeit selbst der exkulpierenden Beweisführung seitens des Schuldners überall abzuschneiden, wo diese Notlage vorhanden ist, das heisst ihn für jeden von ihm verursachten Erfolg haftbar zu machen, wo sein Verhalten der Beobachtung des Anderen entzogen ist. Das ist eminent der Fall z. B. bei der klassisch-rechtlichen *custodia* (im Sinne *Seckel's).* Wer eine nicht ihm gehörige Sache mit der Verpflichtung der Rückgabe (in eigenem Interesse) in seinen ausschliesslichen Gewahrsam nimmt, der haftet für die Rückgabe ohne Rücksicht auf sein Verhalten, nur einen extremen Fall, den *casus maior* ausgenommen, wo die Unschuldigkeit des Verwahrers schon aus dem objektiv gegebenen Tatbestand erhellt (wo also die Beweisnotlage nicht vorliegt).[32]

---

[32] Eine sekundäre Frage ist es, wie die Klassiker die Haftung für *custodia* sich selbst vorgestellt, speziell wie sie dieselbe in ihr Haftungssystem eingereiht haben: ob sie nämlich darin noch eine Kulpahaftung erblickt haben oder nicht. Bei der nicht systematisierenden Vorgehensweise der Römer und bei der durch Tribonian verfälschten Überlieferung der diesbezüglichen Texte gibt es keine sicheren Anhaltspunkte, um darüber zu entscheiden. Aber wenn man von der Beobachtung ausgeht, dass der Schuldbegriff der alten Völker auch die Haftung für niederen Zufall mitumfasst (vgl. Fritz *Schulz,* Zschr. f. vergl. Rw. Bd. 25. S. 459. ff., Bd. 27. S. 149. ff.), und dass die Spuren dieser primitiven Auffassung auch im älteren römischen Recht deutlich erkennbar sind (vgl. *Ihering,* Schuldmoment S. 11. ff.), und wenn man endlich die Anhänglichkeit der Römer an uralte Ideen in Betracht zieht (vgl. z. B. den Grundgedanken der *actio de pauperie, Rabel* Grundzüge S. 481.): so ist es m. E. nicht gewagt, für das Erstere Stellung zu nehmen. Einen Beweis dafür erblicke ich in der berühmten Modestinusstelle (Coll. 10. 2. 1. u. 4.), welche entschieden von dem Kommodatar ausspricht, dass er *culpam praestare cogitur* und *propter culpam condemnatur,* obwohl wir aus anderen, über allen Zweifeln stehenden Quellenstellen wissen, dass der Kommodatar für *custodia* haftet. Anderen Erklärungen *(Kübler* Utilitätsprinzip etc. S. 25., *Haymann* Sav. Z. Rom. Abt. Bd. 40. S. 189.) gegenüber kann ich Modestin's Aussage nur so auffassen, dass er in der Custodiahaftung eine Art Kulpahaftung erblickt hat. — Ist *De Medio's* Ansicht (Bull. dell' Ist. di dir. rom. Bd. 20. S. 157. ff.), dass die Zerteilung des *casus* auf *casus maior* und *minor* eine kompilatorische Erfindung sei, zutreffend, dann ist es m. E. nur so zu verstehen, dass der einheitliche Casusbegriff der Klassiker nur bei der Grenze des späteren *casus maior* begann, dass also die klassisch-rechtliche Culpa bis auf die höhere Gewalt sich erstreckt hat. (Dieser Gedanke schon bei *Meumann* Prolegomena z. e. Syst. d. Vermögensrechts, 1903. S. 104. ff.). Eine solche Auffassung, wie hier vorausgesetzt wird, dürfte uns bei den Römern nicht wundernehmen, da auch unsere heutige Theorie noch immer oft mit Kulpafiktionen operiert.

Derselbe Gedanke kommt im heutigen Recht in der verschärften Haftung der Eisenbahnen zu Tage und auch in der des Frachtführers (und Lagerhalters in gewissen Rechten). Es ist m. E. ein Fehler des heutigen Rechtes, den Gedanken nur in diesem beschränkten Kreise zur Geltung gebracht zu haben.

II.

Den Haftungsfällen, welche sich schlechterdings nicht unter dem Verschuldensprinzip unterbringen lassen, sucht die Theorie in dem Prinzip der *Verursachung* (Veranlassung) ein gemeinsames Fundament zu schaffen. Es gibt ja Schriftsteller, die mit Fallenlassen des alten Schuldprinzips das ganze System der privatrechtlichen Haftung auf die Unterlage des neuen Prinzips aufbauen wollen.

Unter den letzteren Schriftstellern gebührt der erste Platz nicht nur der Zeitfolge nach, sondern auch wegen seiner Originalität und seiner äussersten Stellungnahme, *Binding.*[33]

Binding gelangt von seiner eigentümlichen Grundauffassung aus zur Ablehnung des Verschuldensprinzips. Sein Gedankengang ist folgender:

Der Staat hat das Recht dem Einzelnen gegenüber darauf, dass Letzterer den Staatsgeboten gehorche (Recht auf Botmässigkeit).[34] Das Verschulden ist nichts anderes, als Übertretung dieser öffentlich-rechtlichen Gehorsamspflicht, also Verletzung des Staates, und hat nur eine einzige rechtliche Reaktion zur Folge: die Strafe. Strafe und Ersatz sind aufs schärfste zu scheiden: „der Ersatz ist keine Strafe, er ist keine Deliktsfolge." Eine Deliktsfolge ist nur die Strafe, deren Recht dem Staate zusteht, weil auch das Delikt seine Verletzung ist. Der Ersatz, welcher die Verletzung des *Einzelnen* voraussetzt, kann sich nicht auf das Delikt: Verletzung des *Staates,* gründen. So kommt *Biding* zu dem etwas seltsamen Ergebnis, dass er die angeblich deliktische Schadenersatzobligation vom Gesichtspunkte der römischen Quellen aus unter die quasikontraktlichen Obligationen verweist (S. 462.), für das moderne Recht aber glaubt er die einheitliche Grundlage derselben in dem Prinzip der Verursachung

---

[33] Normen I. (3. Aufl.) S. 433—479.
[34] Normen I. S. 96.

aufzufinden. Wie die Verletzung der Gehorsamspflicht das Strafrecht des Staates, so begründet die Verletzung des Vermögens das Ersatzrecht des in seinem Vermögen Angegriffenen. (S. 447.). *„Der Urheber trägt den Schaden“* und das tue er auch dann, wenn er durch Zuhilfenahme von dritten Personen oder Naturkräften seine Tatkraft steigert. (S. 472.).

Neuere Anhänger des allgemeinen Verursachungsprinzips sind: *Sjögren,*[35] der im wesentlichen *Binding* folgend, den Grund der Haftung in der „Kausalität des Willens“ erblickt. (Darüber siehe unten Anm. 48.). Hierher wird gewöhnlich gezählt *Mataja,*[36] der sich gegen das Schuldprinzip erklärt, ohne aber selbst einen anderen Haftungsgrund anzugeben. Ferner *Mauczka,*[37] der sich offen als einen grundsätzlichen Anhänger der Erfolgshaftung bekennt und das Verschulden als Voraussetzung der Haftung im allgemeinen streicht. Nach ihm genügt die Verursachung in allen Fällen, also auch bei der heutigen Schuldhaftung, zur Erklärung der Ersatzpflicht. Der Umstand, dass gewisse Fälle der Schadensverursachung die Haftfreiheit geniessen, sei als *Ausnahme* der grundsätzlichen Erfolgshaftung aufzufassen und immer auf einen bestimmten *Gegengrund* zurückzuführen. Solche Gegengründe seien hauptsächlich das Interesse an *freier Bewegung* (die Erfolghaftung müsse abgelehnt werden, wenn sie die freie Bewegung des Menschen zu sehr hemmen würde) und daneben die aus dem Nachbarrechte sich ergebende Verpflichtung, gewisse mässige Belästigungen seitens des Nachbars zu dulden.

Nun liegt das neue Prinzip vor uns. Ist es nun stark genug, die Last des auf ihm aufzubauenden Systems zu tragen?

Ich habe die Frage schon oben (in der Einleitung) verneint. Das ganze Verursachungsprinzip ist m. E. auf eine Konfusion zurückzuführen, welche seine Anhänger begehen, indem sie den philosophischen Ursachenbegriff und den in dem Leben üblichen, gewöhnlichen Ursachenbegriff untereinander verwechseln.

---

[35] Iher. Jahrb. Bd. 35. bes. S. 395. ff.

[36] Das Recht des Schadenersatzes vom Standpunkte der Nationalökonomie, 1888. S. 32. ff.

[37] Der Rechtsgrund des Schadenersatzes ausserhalb bestehender Schuldverhältnisse, 1904. (S. Anm. 43.).

Der *Mill*'sche wissenschaftliche Ursachenbegriff umfasst bekanntlich die gesamten Voraussetzungen des Erfolges, ohne welche derselbe nicht zustandegekommen wäre. Der gewöhnliche (auch in der Wissenschaft oft gebrauchte) Ursachenbegriff bezeichnet dagegen diejenige unter den Voraussetzungen, welche auf das Zustandekommen des Erfolges nach der Auffassung des Lebens den entscheidenden Einfluss geübt hat.

In diesem letzteren Sinn pflegt man zu sagen, dass der Grund der Haftung bei der Schuldhaftung die Schuld sei, obwohl es ohne weiteres klar ist, dass zwischen den Gründen (im ersten Sinne) derselben auch die Verursachung mitgewirkt hat, da ohne Hervorrufen des schädlichen Erfolges die ganze Frage der Haftung gegenstandlos wäre.

Diese Beobachtung genügt schon allein, die logische Unhaltbarkeit der Ansicht klarzustellen, welche die Schuldhaftung der auf dem Moment der Verursachung aufgebauten sog. Kausalhaftung gegenüberstellt. Ein Merkmal, welches bei jeder der beiden Haftungsarten gemeinsam und unbedingt vorkommt, kann unmöglich als ein Unterscheidungszeichen zwischen den beiden fungieren.

Ebenso unrichtig ist aber die Lehre *(Binding, Mauczka),* welche, mit Ausschliessung jedes anderen Gesichtspunktes, das Moment der Verursachung als das alleinige Grundprinzip des ganzen Haftungssystems dahinstellt. Sie ist unrichtig, da das Moment der Verursachung nur das *eine* (nicht einmal das wichtigste) Element jenes zusammengesetzten Tatbestandes ist, welcher die Haftpflicht begründet, ja sogar dasselbe oft aus diesem Tatbestand ganz ausbleibt.

Zum Beweise dieser Behauptung untersuchen wir zuerst die echte Bedeutung des Verursachungsmomentes bei der Erzeugung der Haftpflicht.

Ein Beispiel wird die Sache beleuchten. Die Eigentumsklage geht bekanntlich gegen den, der die Sache im Besitze hält (Passivlegitimation). Kann ich sagen, dass der Besitz des Beklagten der Grund davon ist, dass er die Sache dem Kläger herauszugeben hat? — Nach der Sprache des Lebens gewiss nicht, weil die Auffassung des Lebens das Gewicht auf das andere Moment, auf das Eigentum des Klägers, legt, und bezeichnet dasselbe als Grund. Nach der philosophischen Auffassung ja, da der Besitz des Beklagten ein unentbehrliches und ebenbürtiges Element desjenigen Tatbestandes ist, auf Grund dessen er zur Herausgabe verurteilt wird. Der Besitz des Beklagten hat hier die Aufgabe, denjenigen unter den vielen Millionen von Menschen, gegen welche die Vindikation des Klägers im Prinzip wirksam ist, zu bezeichnen, gegen den der Kläger *in concreto* klagen kann. Ohne dieses Element konnte er mit seiner Vindication nicht durchdringen.

Dieselbe passiv legitimierende Funktion hat das Moment der Verursachung bei der Schadenhaftung zu erfüllen.

Ist ein Schadenfall vorgekommen, so ist zunächst festzustellen, ob der Kausalzusammenhang zu einer Person führt, die für den Schaden haftbar gemacht werden kann. Wenn nicht (z. B. Blitzschlag), so bleibt die ganze Erscheinung ausserhalb des Bereiches des Schadensersatzrechts. (Ebenso wie die *rei vindicatio* unterbleibt, wenn die Sache in Niemands Besitze ist.) Wenn ja, so ist die Frage der Haftung noch immer nicht erledigt. Durch das Moment der Verursachung wird zwar das eventuelle passive Subjekt der Haftung bestimmt, ob es aber wirklich haftbar gemacht wird, das hängt noch von dem Vorhandensein eines anderen Moments ab. Da kommt nämlich eine Überlegung seitens der Rechtsordnung hinzu: ob sie den Schaden auf den Urheber hinwälzen (denselben haftbar machen) oder bei dem belassen soll, den er effektiv getroffen hat. Darüber wird der Gesetzgeber auf Grund gewisser Erwägungen entscheiden, gewisse Umstände bestimmen, bei deren Vorhandensein er den Prozess der Verantwortlichmachung einleiten, bei deren Abwesenheit denselben beiseite lassen wird. (Da hört also der Parallelismus der *rei vindicatio* auf. Darüber gleich unten!) Ein solcher Umstand ist im heutigen Recht hauptsächlich das Verschulden des Täters, doch gibt es auch andere, wie wir das unten sehen werden. Diese Umstände nennt der gewöhnliche Sprachgebrauch (und ihm folgend auch die oberflächliche Theorie) *Ursachen* der Haftung, obwohl eine Ursache (im echten Sinne) derselben offenbar auch das andere Moment (die Verursachung) ist, nur spricht man davon im Leben nicht, da man es für überflüssig hält, von dieser, in jedem einzelnen Falle notwendigerweise anwesenden Ursache zu sprechen. Die Aufmerksamkeit wird von ihr auf die andere, wechselnde Ursache gelenkt, derart, dass auf diese Weise auch ihre Eigenschaft als Ursache langsam in Vergessenheit gerät.

Nun gehen wir weiter! Was für eine innere Rücksicht ist es, welche dem Verursachungsmoment seine Stelle in dem haftungsbegründenden Tatbestand zusichert? Die Anhänger des Verursachungsprinzips lassen die Frage ohne Antwort, obwohl eine solche höchst wünschenswert wäre, da solche kategorischen Aussprüche, wie derjenige *Bindings:* „Der Urheber trägt den Schaden", erklären offenbar nichts, im Gegenteil sie selbst einer Erklärung bedürfen. Warum machen wir gerade den Urheber haftbar?

Der Grund dafür ist offenbar darin zu suchen, dass eben der Urheber *der* ist, der die allgemeine Verbotsnorm: *alterum ne laede,* übertreten und dadurch die Reaktion der normerhaltenden Rechtsordnung auf sich gezogen hat.[37a] (Ebenso wie bei der *rei vindicatio* der Besitzer es allein ist, der aus der Menge der gegenüber dem Eigentümer auf Passivität verdammten Millionen hervorgetreten ist und damit die Sanktion auf sich heraufbeschworen hat.)

Die eigentliche Bedeutung der Verursachung ist also hier nicht, dass die haftbar gemachte Person einen gewissen Erfolg *hervorgebracht,* sondern dass sie dadurch *eine Normverletzung begangen* hat. Die Verursachung hat nur die Bedeutung, auf den Normverletzer hinzuweisen.

Nun schreibt das Recht bei manchen Tatbeständen der Normverletzung eine unbedingte Restitutionspflicht vor. Das ist der Fall bei der *rei vindicatio,* wo der Besitzer ohne jede Erwägung weiterer Rechtfertigungsgründe auf Herausgabe verpflichtet wird. *Bei anderen* Tatbeständen der Normübertretung (insbesondere auch bei dem der Schadenstiftung) dagegen geht der Gesetzgeber mit Vorbehalt vor und knüpft das Eintreten der Restitutionspflicht an das Vor-

---

[37a]. Die Auffassung *Bindings,* nach welcher die Normverletzung nur die Strafe, nicht aber die Ersatzpflicht als Folge nach sich zöge, ist unzweifelhaft falsch, und hängt mit seiner eingentümlichen Konstruktion zusammen. Diese Ansicht braucht hier nicht widerlegt werden.

handensein besonderer weiteren Gründe an.[38] Diesen weiteren Grund hat das jetzige System der Regel nach in dem Verschulden erblickt und daneben nur ausnahmsweise, in streng umgrenzten Einzelfällen, den einen oder anderen sonstigen Grund zugelassen. Es ist denkbar, dass eine Gesetzgebung, mit dem bisherigen Gebrauch brechend, *alle* Normübertretungen zum Hervorrufen der Ersatzpflicht ausreichend anerkenne. (So weit geht keine einzelne moderne Gesetzgebung, auch der oben Anm. 1. zitierte §. 1486. des ungarischen Entwurfes nicht, welcher zwar unter allen bisherigen Formulierungen am weitesten gehend, doch immer das Erfordernis der „Billigkeit" voraussetzt.)[38a.] Würde diese Anerkennung eintreten, dann möchte man vielleicht, mit einer gewissen Freiheit, von der durch Verursachung realisierten Normübertretung als einzige Ursache der Haftung sprechen.

Genauer: auch dann gäbe es zwei Ursachen (Bedingungen). Die allererste Bedingung einer jeden rechtlichen Haftung ist doch selbstverständlich, dass es *eine Norm gebe,* die ein gewisses Verhalten verbietet und mit Ersatzpflicht bedroht. Ohne dieses Moment würden alle übrigen haftungsbegründenden Momente in der Luft schweben. Gäbe es keine solche Norm, so würde die Verletzung derselben natürlich unmöglich und würde die ethische Beurteilung des Verhaltens des Täters rechtlich gegenstandlos.

---

[38] Der Unterschied ist aber, wenn man genauer zusieht, mehr ein scheinbarer, als wirklicher. Denn es ist nicht wahr, dass das Recht den Eigentümer *unbedingt* gegen Entziehung der Sache schützt. Bei dem Interessenkonflikt, welcher auch hier auftauchen kann (zwischen dem Eigentümer und dem gutgläubigen Erwerber), zieht das Recht auch das Interesse der anderen Partei in Betracht. So schon das römische Recht bei der Ersitzung, so das heutige Recht beim gutgläubigen Erwerb. Nur sprechen wir in diesen Fällen nicht davon, dass die *rei vindicatio* des Eigentümers gegen den Ersitzenden oder gutgläubigen Erwerber *versagt* wird, sondern dass sein Eigentum mit dem Ersitzen oder Erwerb *aufgehoben* wird. Diese Redeweise hängt mit dem absoluten Charakter des Eigentumsrechts zusammen. Dasselbe ist entweder absolut oder existiert überhaupt nicht. Das steht mit dem Ersatzrecht in vollem Einklang: der unschuldige Entzieher haftet unter gewissen Umständen für die Restitution ebensowenig, wie der unschuldige Schadenstifter.

[38a.] Der Art. 403. des russischen Sovjet-Zivilgesetzbuches spricht zwar in grosser Allgemeinheit aus: „Celui qui a causé un dommage à la personne ou au bien d'autrui est tenu de reparer le dommage", doch wird diese Erklärung durch den unmittelbar darauffolgenden zweiten Satz: „Il est libéré de cette obligation, s'il prouve qu'il ne pouvait prévenir ce dommage..." entkräftet.

Es müssen also bei irgend einer rechtlichen Haftung unbedingt diese zwei Momente vorliegen: 1. das *Dasein* einer Norm, die die Verantwortlichkeit im allgemeinen an ein gewisses Verhalten anknüpft, 2. die *Verletzung* derselben Norm durch das in der Norm vorgesehene Verhalten, als das konkrete Begründungsmoment der Haftung, Dort, wo die Haftung, wie im Schadenersatzrecht, noch an eine weitere Bedingung (z. B. das Verschulden des Täters) geknüpft ist, kommt das Vorhandensein dieses bedingenden Umstandes als drittes Moment hinzu.[38b]

Auf Grund des Gesagten können wir nun die oberflächliche Vorgehensweise der heutigen Theorie bei der Kategoriebildung Schritt für Schritt verfolgen. Bei der Schuldhaftung bezeichnet sie, dem laienhaften Sprachgebrauch folgend, die *Schuld,* als die alleinige Ursache der Haftung,[39] die anderen zwei mitwirkenden Haftungsmomente ganz übersehend. Wo sie dann diese gewohnte Ursache nicht auffand (oder nicht hineinschmuggeln konnte), dort war sie genötigt, auch das unmittelbar vorangehende Moment zu entdecken, und sprach dabei von einer Haftung auf Grund der *Verursachung,* nicht gedenkend, dass dieselbe auch bei der Schuldhaftung mitgewirkt hat. Da gab es aber Fälle, wo auch dieses zweite Moment unauffindbar war *(actio de effusis et deiectis,* Betreibsunfälle, Haftung für Angestellte etc.): hier musste sie auch das erste (tiefste) Moment entdecken, und sprach von einer Haftung *auf Grund des Gesetzes (ex lege),* wiederum ohne wahrzunehmen, dass auch hier das zweite Moment da steckte (nur war dasselbe keine Verursachung, sondern ein anderweitiges *Geschehen),* ja da war auch das dritte, ein besonderer Umstand, welcher dasselbe Geschehen mit der Person des Haftenden verband.

Gehen wir jetzt auf dieser Spur weiter, um die Stellung der Verursachung in der obigen Ursachenreihenfolge von einer anderen Seite zu beleuchten.

Ich habe gesagt, dass nicht nur die Verursachung, sondern auch ein anderweitiges *Geschehen* es sein kann, was

---

38b. Vgl. aber noch unten bei Anm. 42a.

39 *Ihering* Schuldmoment S. 40.: „Nicht der Schaden verpflichtet zum Schadenersatz, sondern die Schuld.“

das Subjekt der Haftung mit der Norm in Verbindung bringt. Ein solches verbindendes Moment kann nämlich auch der *Vertrag* sein, bei demjenigen nämlich, der den Ersatz eines gewissen Schadens übernommen hat, z. B. der Versicherer. Hier fällt die Frage der Verursachung ganz aus dem Spiele und nimmt ihre Stelle der Vertrag ein. Die Ursachenkette ist hier folgende: 1. Norm („Erfülle dine Vertragspflichten"), 2. Übernahme der Verpflichtung *in concreto* (Vertrag). 3. Einstehen des Schadens, als Bedingung der Vertragspflicht.[40]

Ja in ausserkontraktlichen Verhältnissen ist eine andere Anordnung als die durch die Verursachung begründete passive Legitimierung denkbar. Eine Gesetzgebung könnte z. B. aussprechen, dass für einen gewissen (oder gar für jeden) Schaden eine gewisse Person (z. B. der Staat) oder eine gewisse Kategorie von Personen (z. B. die Reichen, die Häretiker, die Juden etc.) haften. Dann würde die Zugehörigkeit zu der ausgewählten Kategorie dasselbe Legitimationsmoment ergeben, welches heute die Verursachung ergibt. Ein solches Haftungssystem ist z. B. die im Kriege — trotz allem Völkerrechte — noch immer wiederkehrende Geiselnahme, im alten Recht die Haftung der Stammesgenossen etc. Ja sogar dieses, unserer heutigen Auffassung nach absurde Haftungs-„prinzip" kommt jedoch in einzelnen isolierten Fällen auch im heutigen Recht zur vernünftigen Anwendung. Ein solcher Fall ist z. B. die im preussischen sog. Tumultgesetz (vom 11. März 1850.) enthaltene Haftpflicht der Gemeinden wegen des bei einer Zusammenrottung entstandenen Schadens.[41] Ein solcher ist die im ungarischen Rechte anerkannte Ersatzpflicht des Staates für das wegen Seuche oder Seucheverdacht ausgerottete Vieh zu Gunsten des Eigentümers.[42] Hieher gehört die Unterhalts- und Beerdigungs-

---

[40] Der Vertrag kann diese haftungsbegründende Rolle nicht nur in seiner Hauptwirkung, sondern auch in seinen Nebenwirkungen ausüben und auch da die Verursachung ersetzen, namentlich dort, wo der Vertragsschuldner unbedingt (ohne eigene Schuld) für die Leistung haftet, wie z. B. der *nauta* und die anderen Custodiapflichtigen, die Eisenbahn etc.

[41] S. *Dernburg* Bürg. R. Bd. 2. 2. S. 759.

[42] Ges. Art. II. vom Jahre 1893. und G. A. III. v. J. 1897. — Ich weiss nicht, ob eine ähnliche Regel im deutschen Recht bekannt ist oder nicht.

pflicht, auch die Haftung für Pflegekosten in einem öffentlichen Krankenhause, welche in erster Reihe gewisse Naheverwandte, in Ermangelung solcher auch die zuständige Gemeinde belasten. Auch die Haftung des Jagdberechtigten wegen Wildschäden, des Betriebsbesitzers wegen Betriebsunfällen etc.

Aus all dieser langen Erörterung stossen wir auf die einfache Wahrheit, zu der schon die Römer längst gekommen sind, nämlich dass wie jedwede Obligation, so auch die Schadenersatzobligationen entweder aus einem *Vertrag*, oder aus der Verletzung der allgemeinen Verbotsnorm *(Delikt)*, oder aus einem anderen Tatbestand (wie man oft zu sagen pflegt: *ex lege)* entspringen.

Das ist aber eine oberflächliche, ungenaue Redeweise. In der Tat entspringt die Obligation *nie* aus dem Vertrage oder aus der Verursachung oder aus dem Gesetze *allein*, sondern sie entspringt *immer* einerseits aus dem Gesetze als einem die Haftung im allgemeinen einführenden Faktor und andererseits aus einem konkreten Tatbestandsmoment, das die Haftung genau für die betreffende Person begründet. Ein solches konkretes haftungsbegründendes Moment kann der Vertrag, die Verursachung oder ein anderes Geschehen sein.

Wie oben gesagt, sind diese zwei Momente unerlässlich für das Zustandekommen einer jeden rechtlichen Haftung. Sie sind die beiden Sätze (obere und untere) des Syllogismus, ohne welche es keine rechtliche Konsequenz gibt.

Dem Gesagten gemäss habe ich nun meine obige,[42a.] unpräzise Ausdruckweise zu berichtigen und zwar nach zwei Richtungen hin:

Erstens: Oben bei der Aufstellung der Ursachenfolge habe ich nur von der *Verursachung* als zweitem Glied der Kette gesprochen. Das ist zu eng, weil, wie wir inzwischen gesehen haben, dieses zweite Moment in einem anderen Tatumstand (einem blossen Geschehen oder einem Vertrag) bestehen kann.

Zweitens: Oben habe ich in gewissen Fällen von einer *dritten* Ursache geredet, welche zur Herbeiführung der

---

[42a.] Bei der Anm. 38a. im Text.

Haftung noch notwendig ist. Das ist so zu verstehen, dass der Tatbestand, zu dem die Norm die Einstehung der Haftung hinzufügt, nicht nur ein einfacher (z. B. Besitzen der Sache bei der *rei vindicatio)* sondern auch ein zusammengesetzter (aus zwei, eventuell drei, vier u. s. w. Momenten bestehender) sein kann, z. B. *schuldhafte* Verursachung. Die oben als *dritte* Ursache bezeichnete Bedingung ist also eigentlich ein *zweites* Glied des Tatbestandes der Norm.

Die obige Aufstellung lautet also richtig:

Eine jede rechtliche Haftung hat unbedingt zur Voraussetzung:

1. das Dasein einer Norm, die die Haftung an einen gewissen Tatumstand *oder gewisse Tatumstände* (an einen einfachen oder zusammengesetzten Tatbestand) knüpft;

2. das Vorliegen des betreffenden Tatbestandes.

Nachdem diese Tatbestandmomente als Bedingungen (Voraussetzungen) der Wirksamkeit der Norm eingestellt sind, so kann ich sagen, wenn ich die Sache von einem höheren, abstrakten Standpunkt aus betrachte, dass die wahre, eigentliche Ursache der Haftung (im gewöhnlichen Sinne des Wortes) *die Norm* (das Gesetz) ist. Betrachte ich aber die Sache vom Gesichtspunkte der im konkreten Falle haftbar gemachten Person aus, so muss ich sagen, dass beide (Norm und Tatbestandsmomente) gleichwertige und unbedingt mitwirkende Elemente (Ursachen) der Haftung sind.

Dies sind höchst einfache und selbstverständliche Dinge. Doch mussten sie hier gesagt werden, da man sie in der Theorie gewöhnlich ausser Acht zu lassen pflegt. Ohne ihre Erkenntnis ist es jedoch unmöglich, zum richtigen Verständnis des Systems zu gelangen.

In dieser Beleuchtung verschwindet also die Existenzberechtigung des „Verursachungsprinzips“ sowohl als eines dem Verschuldensprinzip gegenübergesetzten Haftungsprinzips, als auch als alleinigen Grundprinzips des ganzen Haftungssystems. Die *Verursachung* ist kein selbstständiges Prinzip, weil es auch bei der Schuldhaftung mitwirkt, und umgekehrt, die Verursachung begründet an sich selbst die Verantwortlichkeit nach der heutigen Rechtsauffassung niemals.[43]

III.

Dass das Verursachungsprinzip selbst die Theorie nicht befriedigt hat, bezeugen — ausser direkten Äusserungen[44] — die zahlreichen theoretischen Versuche, welche die Erscheinungen der schuldlosen Haftung zu erklären und sie auf einen annehmbaren gemeinsamen Grund zurückzuführen streben.

---

[43] Eine interessante, aber völlig verfehlte Konstruktion befindet sich bei *Mauczka* (in der in A. 37. zit. Schrift, S. 13—14., 41. ff., 89. ff.) Nach ihm ist eine grundsätzliche, auf dem einzigen Rechtsgrund der Verursachung beruhende Erfolghaftung anzunehmen, welche nur ausnahmsweise, in gewissen Fällen der schuldlosen Verursachung (hauptsächlich zur Bewahrung der freien Bewegung) enthoben wird. Von den sechs Kollisionsnormen, welche nach ihm das gesamte Schadenersatzrecht beherrschen, lauten die hierbezügliche dritte und vierte folgendermassen: Dritte: „Die Verletzung fremder rechtmässiger Interessen macht haftbar." Vierte: „Die Haftung fällt weg, wenn sie die Betätigung eines höheren Interesses unmöglich machen oder doch ungebührlich beschränken würde, vorausgesetzt, dass die generelle Betätigung des gefährdeten Interesses durch die Möglichkeit ersatzfreier Verletzung nicht in gleichem Masse leidet." (S. 41. u. 89. ff.). — In dieser Konstruktion ist zweierlei Falsches. Erstens, dass die Verursachung der einzige Grund der Haftung sei. Ich spreche nicht davon, dass M., offensichtlich dem gemeingewöhnlichen Sprachgebrauch folgend, nur die konkrete (in meinem Sinne zweite) Ursache der Haftung ins Auge fasst; aber auch dabei ist seine Anschauung zu eng. Statt einer *Verursachung* kann nämlich, wie im Text gezeigt wurde, — vom Vertrage ganz abgesehen — auch ein *Geschehen* (Handlung eines anderen oder ein Naturereignis) das haftungsbegründende Moment sein (z. B. Fall der *actio de effusis et deiectis*, des *damnum infectum*, Haftung des *nauta* wegen Diebstählen seiner Leute, des Hauseigentümers wegen durch Einsturz etc. verursachter Schäden, Haftung des Betriebsunternehmers, der Eisenbahn wegen Betriebsunfällen, des Jagdberechtigten wegen Wildschäden etc.). Wenn so die Verursachung wegfällt, was knüpft denn die Verantwortlichkeit an die Person der Haftpflichtigen? — Zweitens: Ich hätte gegen die umgekehrte Betrachungsweise M.'s, laut welcher die Erfolghaftung als grundsätzliche Regel, die Haftfreiheit der schuldlosen Verursachung als auf einen bestimmten Gegengrund zurückgehende Ausnahme gelten soll (S. 13.), nichts, wenn daraus irgend ein Vorteil, etwa das bessere Verständnis der Lehre sich ergäbe. Das ist aber nicht der Fall. Das einzige Ziel, weshalb M. die ganze Umkehrung vollzieht, ist wesentlich, nur um dadurch dem Haftungssystem einen einheitlichen Grund zu geben, u. zw. in dem Prinzip der Verursachung. (Praktische Erweiterungen des heutigen Rechts scheint M. damit nicht bezweckt zu haben. Übrigens laufen die beiden Anschauungsweisen praktisch auf eins hinaus.). Das ist aber ihm, wie ich eben darauf hingewiesen habe, nicht gelungen. Die Verursachung ist *kein* einziger und einheitlicher Grund der Haftung. — Ist nun aber dieses Bestreben vereitelt, so ist die Umkehrung der bisherigen Auffassung unverständlich, da Letztere ohne alle Zweifel dem lebenden Recht mehr entspricht, als die für sie proponierte. Das geltende Recht knüpft regelmäs-

Ich habe weder den Raum noch die Absicht, dieselbe hier ausführlich wiederzugeben oder gar eingehend zu besprechen.[45] Doch muss ich die wichtigsten von ihnen namhaft machen und ihnen gegenüber, insofern es mein Zweck erfordert, Stellung nehmen.

a) Ich erwähne vor allem die Lehre der beiden *Merkel*[46] von dem sog. *aktiven Interesse,* wonach derjenige, der in eigenem Interesse aktiv wird (daher die Benennung!), auch den aus seiner Aktivität entstandenen Schaden auf sich zu nehmen hat. „Jeder soll die Kosten der Geltendmachung seiner Interessen tragen."[47]

Diese Ansicht verrät, trotz allen Einwendungen ihrer Kritiker, einen stark gesunden rechtspolitischen Sinn und

---

sig die Verantwortlichkeit ausser der Verursachung noch an das Vorhandensein eines weiteren Momentes, nämlich des Verschuldens, und wo sie dasselbe nicht findet, da sucht sie mühsam und ängstlich nach einem anderen gehörigen Grund, auf welchen sie die Verantwortlichkeit anlehne. Man weiss, wie schwer die Bedürnfnisse des Lebens die Zulassung solcher weiteren Gründe zu erzwingen vermochten, wo die römischrechtliche Tradition ihnen nicht zu Hilfe kam. Gegenüber dieser Entwickelungsweise jetzt die Sache mit einer leichten Geste umdrehen zu wollen und einfach zu erklären: von heute ab wird die Regel das, was bisher die Ausnahme war: das ist ein Vorgehen, welches kaum einem Beifall begegnen wird. *Mauczka's* dritte Kollisionsnorm: „Die Verletzung fremder rechtmässiger Interessen macht haftbar" ist nicht aus dem Leben geschöpft. Es gibt und es gab — vielleicht von eizelnen Urrechten abgesehen — kein einziges Rechtssystem, welches dieselbe Norm in ihrer Allgemeinheit aufgestellt hätte. Auch ist sie vom legislativpolitischen Standpunkt aus nicht als ein wünschenswertes Postulat anzusehen. Es leuchtet nicht ein, warum die Verursachung unbedingt mit Haftung belastet werden sollte, wogegen es nur auf besonderen Gegengründen beruhende Ausnahmen geben sollte. Die Frage, wer den Schaden von zwei Interessierten tragen soll, ist immer Sache der vernünftigen Interessenerwägung. Eine Haftung kann also immer nur aus einem besonderen rechtspolitischen Grund entstehen. Die Binding'sche Regel: „Der Urheber trägt den Schaden", ist ebenso blind und darum ungerecht, wie die entgegengesetzte: *„casum sentit dominus"*. — Ich bin, wie es schon aus dem Bisherigen erhellt und aus den Folgenden noch mehr erhellen wird, in der Zulassung weiterer Verschärfungen des Systems schlechterdings nicht karg, aber die prinzipielle Geltung einer solchen blinden Norm muss ich entschiedenst bestreiten.

[44] Vgl. M. *Rümelin* Gründe der Schadenszurechnung S. 26.: „Von der blossen Causalität führt keine Brücke zur Verantwortlichkeit. Es leuchtet in keiner Weise ein. wie der blosse Causalnexus ohne das Hinzukommen weiterer Momente, namentlich subjektiver Art, eine Haftung begründen sollte." A. *Merkel,* Krim. Abh. I. S. 56.: „Der blosse objektive Causalzusammenhang ist an und für sich juristisch unfruchtbar."

[45] Eine gute Zusammenfassung bei M. *Rümelin* Gründe der Schadenszurechnung und G. *Rümelin* A. f. C. P. Bd. 88. S. 285. ff., *Müller-Erzbach* daselbst B. 106. S. 333—351.

[46] A. *Merkel:* Jur. Enzykl. §§. 692—708. R. *Merkel* Die Kollision rechtsmässiger Interessen etc. 1895.

[47] Jur. Enzykl. §. 708. 2.

enthält einen höchst nutzbaren gesetzgeberischen Wert. Die Einwendungen beziehen sich m. E. nicht auf das Wesen der Lehre, sondern nur auf die Schwierigkeiten ihrer Anwendung und auch da sind sie nach meiner Meinung übertrieben. Der Kern der Ansicht wird jedem denkenden und für die rechte soziale Interessenregulierung gesinnten Kopf sofort einleuchten. Nur hüte man sich, ihr die Alleinherrschaft zuzuschreiben. (Darüber s. unten).[48]

b) Dagegen kann ich der Ansicht, welche den Grund der Haftung auf das *Gefährdungsmoment* stellt,[49] nur einen sehr geringen, ja gar keinen Wert beimessen. Denn nimmt man einmal den Merkel'schen Standpunkt ein, wonach jede in eigenem Interesse vorgenommene Handlung (gefährliche oder ungefährliche) im gegebenen Falle zu Ersatz verpflichtet, dann ist die Frage der Gefährdung offensichtlich überwunden. Die Gefährdung kann höchstens die durch die Interessenverbindung schon begründete Haftung vor dem laienhaften Rechtsgefühl akzentuieren, aber nicht juristisch begrün-

---

[48] Unter den Merkel'schen Gedanken lässt sich einordnen: m. E. *Sjögren's* sog. Finalitäts-Theorie (Ihering's Jahrb. B. 35. S. 343—430., bes. 395. ff.). Nach ihm ist der gemeinsame Grund jeder Schadenersatzhaftung die *Kausalität des Willens*, die zwei Symptome, zwei Kennzeichen hat: das Verschulden und die Finalität. (S. 412.). — Was *Sjögren* „Kausalität des Willens" nennt, das ist nichts anderes als das Verursachungsmoment. Darüber haben wir aber oben dargelegt, dass es kein selbstständiger Grund der Haftung sein kann. So werden die zwei *Symptome*, die er anführt, sich in *Gründe* der Haftung verwandeln. — Was nun jetzt die sog. *Finalität* betrifft, so ist das nichts anderes, als das Merkel'sche Interesse, nur etwas abstrakter und dunkler ausgedrückt. — Denselben Gedanken spüre ich auch in der Wendung, welche einfach die *Individualität* des Menschen als Grundlage der Haftung für seine Taten darstellt. (Z. B. *Strohal* Gutachten z. öst. Advokatentag, 1880. S. 149.: „. . . jeder für das einstehen muss, was Ausfluss seiner Individualität ist.") Eine vernünftige Verbindung zwischen individueller Anlage und Haftung kann ich mir nur mit Hilfe des Zwischengedankens vorstellen, dass die Entfaltung der Individualität im Interesse der Individuums ist. (So ausdrücklich *Sjögren* a. a. O. S. 418.).

[49] Die Hauptvertreter dieser allgemein verbreiteten Ansicht sind M. *Rümelin* Schadenzurechnung S. 45—56., 71., auch Schadenersatz ohne Verschulden, 1910. S. 30—32. und *Müller-Erzbach* Gefährdungshaftung und Gefahrtragung, A. f. C. P. Bd. 106. und 109. Letzterer will, mit Verwerfung des Schuldprinzips, das ganze Haftungssystem auf dem Gedanken der Gefährdung aufbauen. Er unterscheidet 1. „einseitige Gefährdung" (seitens eines anderen) und 2. „Interessenexponierung", d. h. Sichaussetzen einer Gefahr in der Pflege eigener Interessen („durch ein eigenes Interesse veranlasstes Eintreten in ein gewisses Risiko", S. 354.). Im ersten Falle ist der Gefährdende ersatzpflichtig, im zweiten trägt den Schaden derjenige, der das Risiko in der Hand hält. („Gefahrtragung.") — Über den Wert der „Gefährdungshaftung" wird im Text, über die „Interessenexponierung" unten Anm. 52. gesprochen werden.

den. Dass hier die Priorität der Interessenerwägung zusteht, zeigt auf das evidenteste, dass nur die in eigenem Interesse erfolgte Gefährdung als haftungsverschärfend empfunden wird. Die Gefährdung seitens eines Feuerwehrmannes oder Retters im Laufe der Rettung, seitens des Arztes bei einer lebensgefährlichen Operation wird an und für sich (ohne Verschulden) vor niemandem als haftungsbegründend erscheinen. — Aber auch wenn man sich, wie *Rümelin,* den Merkel'schen Standpunkt nicht zu eigen macht, gelangt man mit dem Gesichtspunkt der Gefährdung nicht weiter. Vom Standpunkte des Verschuldensprinzips aus ist derselbe augenscheinlich unfruchtbar. Denn entweder ist schon in der Vornahme der gefährdenden Handlung eine Schuld enthalten (z. B. Schiessen in einer belebten Strasse), dann handelt es sich um eine Schuldhaftung. Oder ist die gefährdende Handlung an und für sich erlaubt, vielleicht im Interesse des gemeinen Wohles geboten (z. B. Unterhaltung eines Bergwerkes, einer elektrischen Zentrale etc.), dann ist der Handelnde (etwa der Betriebsbesitzer, der alle denkbaren Vorsichtsmassregeln angewendet hat) ebenso unschuldig, wie der, der eine nicht gefährliche Handlung vorgenommen hat. — *Rümelin* sucht durch die Heranziehung des Gefährdungsmomentes für die in der modernen Gesetzgebung anerkannten schuldlosen Haftungsfälle ein gemeinsames ausscheidendes Merkmal zu gewinnen. Durch sein Merkmal beabsichtigt er nur die ausserordentliche, vom Normalen abweichenden Vorgänge der strengen Haftung zu unterwerfen, dagegen die normalen, alltäglichen Lebensäusserungen, wie Essen, Trinken, Spazierengehen etc. der Haftung zu entziehen. (S. 48.). Aber es leuchtet nicht ein, was für ein erschwerendes Moment in dem ausserordentlichen, nicht gewöhnlichen Vorgange enthalten sei, welches die Erhöhung der Verantwortlichkeit dem anderen gegenüber motiviert. *Rümelin* will offenbar durch seine Einschränkung die Bewegungsfreiheit des Menschen wahren. Dazu ist aber sein Merkmal ungeeignet, da das Leben, die praktische Gesetzgebung weit darüber hinausgegangen ist, *nur* ausserordentliche gefährdende Handlungen mit der Haftung ohne Schuld zu belasten. Das fühlt natürlich *Rümelin* selbst, aber er will sich über diese Schwierigkeit durch „Spannung" des Gefährdungsbegriffes (S. 46.) hinweghelfen.

Das zeigt aber eben die Schwäche seiner Ansicht. Denn es ist doch unmöglich in dem Halten von Tieren, im Besitzen eines Hauses, im Benützen von Hilfspersonen, in der Gründung juristischer Personen, in dem Prozessieren, insbesondere in der Anwendung gewisser prozessualer Mittel (z. B. Arrest), im Auftreten als Stellvertreter etc. (S. 47—48.) eine *besonders gefährdende* Handlung zu sehen. Ein so „gespannter" Begriff hat keinen Wert.

Dem Gefährdungsgedanken kann m. E. nur ein gewisser rechtshistorischer, u. zw. dogmengeschichtlicher Wert zugeschrieben werden. Er war nämlich das Zwischenglied, mit dessen Hilfe Theorie und praktische Gesetzgebung (im Mangel der letzteren die richterliche Rechtsprechung) die verschärfte Haftung gewisser Betriebe, bei denen diese Haftung unvermeidlich war, einzuführen suchten in einer Zeit, wo die Herrschaft des Verschuldensgedankens noch unerschüttert war. In dieser Hinsicht ist er nämlich mit den wohlbekannten Kulpafiktionen nahe verwandt. Ist dieser Beitrag zur Entwickelung der Haftungsidee ihm zum Verdienste anzuerkennen, so kann ich andererseits in ihm für heute nur ein Hindernis der richtigen Erkenntnis und des wünschenswerten weiteren Fortschrittes erblicken. Das relativ Gute ist ein Feind des Besseren geworden. Denn die Haftung der Betriebe kann sich m. E. nicht mehr auf die Gefährlichkeit derselben beschränken und die Theorie hat den Grund ihrer Haftung nicht mehr in ihrer Gefährlichkeit, sondern in anderen Momenten (s. gleich unten) zu suchen.[50]

---

[50] Zur Beleuchtung des wahren Wertes des Gefährdungsgedankens wird es hier nicht ohne Interesse sein, die statistischen Angaben anzuführen, welche *Mataja* in seinem Buch über das Recht des Schadenersatzes etc. 1888. S. 58. A. 3. mitteilt. Der Eisenbahnbetrieb ist bekanntlich der erste, welchen man der strengen Haftung unterworfen hat und den man auch heute als Hauptbeispiel des gefährlichen Betriebes anzuführen pflegt. Nun ist nach den von *Mataja* zitierten statistischen Daten in Frankreich im Zeitalter der Diligeance- und Postkutschen auf 300.000 Reisende ein Todesfall und auf 30.000 eine Verwundung gefallen, während in den beiden ersten Jahrzehnten des Eisenbahnwesens (von 1835 bis 1855) auf 2 Millionen Reisende ein Todesfall und auf 300.000 eine Verwundung kam. Von 1855 bis 1875 gestaltete sich dieses Verhältnis noch weit günstiger: es kam auf 5 Millionen Reisende ein Todesfall und auf 500.000 eine Verwundung. — In Grossbritannien wurden 1879 in den Eisenbahnen 160 Personen getötet, in London infolge des Wagenverkehrs 166. — In Preussen kamen 1880 auf 373 tödliche Unfälle bei den Eisenbahnen 438 durch Landfuhrwerke etc. — Es wäre interessant, diese Angaben mit neueren Daten zu vervollständigen.

c) Im Gegensatze zu der jetzt besprochenen, schreibe ich einen sehr hohen Wert der Ansicht zu, welche den Gedanken der *Prävention* selbst bei Erklärung der schuldlosen Haftung heranzieht und in den Vordergrund stellt. Der Gedanke, der in der Literatur unter dem Namen „erzieherische Wirkung" oder einer ähnlichen Bezeichnung sich schon früher einen Ausdruck gesucht hat, hat seine genauere Entwickelung bei Gustav *Rümelin* gefunden,[51] der sich dabei auf einen Gedanken seines Vaters G. *Rümelin* stützte.

Die Erfahrung zeigt, führt *Rümelin* aus, dass die Maximalgrenze der menschlichen Leistungsfähigkeit sich weit über die amtliche Diligenzpflicht des *bonus paterfamilias* erstreckt. Besondere Fürsorge, Talent, Geschicklichkeit, Mut, Geistesgegenwart machen den Menschen zur Herbeiführung solcher Erfolge, zur Vermeidung solcher Nachteile fähig, welche die schablonenhafte Diligenz nicht erreichen, resp. nicht vermeiden kann. Diese maximale Kraftanspannung kann der Gesetzgeber dadurch erreichen, dass er den Handelnden unabhängig von seiner Schuld, *für den Erfolg*, also namentlich für den aus seinem Verhalten entstehenden Schaden verantwortlich macht. Dadurch kann er auch solchen Schadenfällen vorbeugen, welche der Verschuldenshaftung entschlüpfen. Hier kann der Gesetzgeber sich nicht etwa durch Steigerung des Sorgfaltsmaßstabes helfen. Der Erfolg hängt ja nicht allein von der Sorgfalt ab. „Das Ideal des Gesetzgebers ist nicht der *diligens paterfamilias*, auch nicht der Mann mit noch weiter gesteigerter *diligentia*, der besonders ängstlich und vorsichtig sich durch jedes Bedenken einschüchtern lässt, jeder Gefahr durch Gegenmassregeln vorzubeugen sucht, sondern der Mann, der mit sicherem Blick die Möglichkeiten des Gelingens und Misslingens, die Chancen eines Unfalles und die Kosten einer Sicherung erfasst und in der ruhigen und sachverständigen Abwägung dieser verschiedenen Faktoren eine Garantie für die Richtigkeit seiner Entscheidung findet. *Anbefehlen* lässt sich ein derartiges Verhalten allerdings nicht, aber der Gesetzgeber kann auf das richtige Handeln hinweisen, dasselbe begünstigen, indem er sich nicht auf die Forderung von *diligentia* beschränkt,

---

[51] Arch. f. d. Civ. Pr. Bd. 88. S. 296. ff.

sondern darüber hinaus für den Erfolg haften lässt... Das normale erfolgreiche Handeln wird nicht direkt vom Gesetzgeber gefordert, aber es wird, um mit *Goethe* zu reden, aufgestellt wie das Schwarze der Scheibe, das man immer auf dem Korn haben muss, wenn man es auch nicht immer trifft." (S. 299.).

Ich stimme *Rümelins* Ausführung vorbehaltlos bei und glaube, dass sein Gedanke unabweisbar ist. An die Stellung, welche derselbe unter den Gründen der Haftung einnimmt, wird unten die Reihe kommen.[52]

d) Zur Unterstützung und Ergänzung des jetzt behandelten Haftungsgrundes kommt der oben (I. am Ende) schon erwähnte Gesichtspunkt des *Beweisnotstandes.* Die beiden Erscheinungen sind benachbart, aber nicht identisch. Dort taucht die Frage auf, ob der Handelnde nicht imstande gewesen war, den schädlichen Erfolg überhaupt, über die schablonenhafte Diligenz hinaus, zu vermeiden, wenn er es fest gewollt hätte: hier liegt der Zweifel vor, ob er selbst der gesetzlichen Diligenzpflicht genug getan hat. Dort handelt es sich um das höhere gesetzgeberische Bestreben, den Handelnden dazu zu zwingen, dass er alle Kräfte anspannend und über alle messbare Sorgfalt hinaus jeden Schaden zu vermeiden versuche, welcher mit menschlicher Fähigkeit und Anstrengung noch vermeidlich ist; hier sinkt das Bestreben dahin, wenigstens die an den gesetzlichen Massstab verstossende Nachlässigkeit zu ergreifen. Beiden Übeln bringt die verschärfte Haftung ein radikales Heilmittel: beim ersten

---

[52] Dieser Präventionsgedanke steckt in der gekünstelten Bezeichnung „Interessenexponierung" von *Müller-Erzbach* (S. Anm. 49.), deren Hauptregel besagt, dass: „von mehreren Beteiligten derjenige den Schaden tragen müsse, der das Risiko des Schadenseintrittes ganz oder im Vergleich zu den Mitbeteiligten doch überwiegend in seiner Hand hat." Dieselbe Haftung gehe über das Verschulden hinaus. „Denn wenn das Recht die Haftung gerade so weit gehen lässt, als die Möglichkeit der Risikobeherrschung reicht, so wird es dem den Schaden zurechnen, der seinerseits am meisten in der Lage war, die Wahrscheinlichkeit des Schadenseintrittes auf ein Minimum herabzudrücken. So wird erreicht, dass der Einfluss, den jener auf das Risiko hat, nutzbar gemacht wird. Es soll, wer das Risiko beherrscht, auch wirklich Alles das tun, was in seiner Macht steht, um die Gefahr so weit als möglich herabzudrücken." (S. 413—4.).

durch Anspornung zu möglichster Anstrengung, beim zweiten durch Abschneiden der Möglichkeit der Ausflüchte.[53]

Es ist dieser Beweisnotstand, in dem ich (nächst dem gleich unter *e)* zu erwähnenden) den eigentlichen Hauptgrund der schärferen Haftung der Grossbetriebe erblicke. Der Beschädigte steht machtlos vor dem komplizierten Organismus eines solchen Betriebskolosses, er kann sein Funktionieren nicht überblicken, er kann den wahren Urheber der Verletzung nicht erkennen oder derselbe verschwindet leicht in der grossen Menge der Angestellten; er kann noch weniger das Verschulden desselben und dessen Grad beweisen oder gar den Gegenbeweis kontrollieren. Für den Grossbetrieb gibt es keine andere rationelle Haftungsmöglichkeit, als die der absoluten, objektiven Haftung. Zur Unterstützung derselben laufen alle hier erwähnten (und gleich zu erwähnenden) Haftungsmotive: aktives Interesse, Prävention, Beweisnotstand, Tragfähigkeit, zusammen. Das Gesagte gilt in verschärftem Masse da, wo der Beschädigte in der Fremde, zwischen unbekannten Menschen und unbekannten Verhältnissen (am Schiffe, in der Eisenbahn, im Hotel) ohne die strenge Haftung hilflos und ausgeliefert dastehen würde, was bekanntlich schon den römischen Praetor zum Eingreifen veranlasste.

e) Zuletzt erwähne ich die von *Bluntschli*[54] formulierte und von *Unger*[55] warm empfohlene Ansicht, nach welcher auch die *ökonomische Tragfähigkeit* der Parteien bei der Entscheidung der Frage zu berücksichtigen ist, welche von ihnen den Schaden auf sich nehmen soll. Dieses Prinzip, welches auch meiner Ansicht nach unabweisbar ist,[56] bildet nebst dem Vorerwähnten, den zweiten Hauptgrund der erschwerten Haftung der Grossbetriebe, und zwar nicht nur deshalb, weil der Grossbetrieb der anderen Partei gegenüber in der Regel der wirtschaftlich stärkere ist, sondern weil er imstande ist, durch Versicherung oder durch Einrechnung

---

[53] Es ist hier an die richtige Bemerkung *Mataja's* (a. a. O. S. 36.) zu erinnern, wonach wie in der Strafrechtspflege nicht so sehr die Höhe der angedrohten Strafen, als die Sicherheit der Bestrafung abschreckend wirkt, so auch die präventive Wirkung der Schadenersatzvorschriften von der Sicherheit der Haftbarmachung abhängt.

[54] Comm. zum zürcher. Gesetzbuch III. S. 648.

[55] Handeln auf eigene Gefahr S. 134. f.

[56] So G. *Rümelin* a. a. O. S. 301. Dagegen M. *Rümelin* Schadenszurechnung S. 65.

der Schadenverluste in die Betriebskosten[57] den Schaden auf einen weiteren Kreis umzuwälzen. So berührt sich hier der Gesichtspunkt der Tragfähigkeit mit dem grossen wirtschaftspolitischen Prinzip der *Schadenverteilung.* — Das in der Tragfähigkeit gegebene Billigkeitsmoment gibt ferner den Ausschlag bei der Aufbürdung der Haftung der begüterten unzurechnungsfähigen Personen für die durch sie verursachten Schäden, wo m. E. jede andere Erklärung, die man versucht hat,[58] versagt.[59]

Am Ende dieser rapiden Übersicht sei erlaubt, eine Bemerkung hinzuzufügen.

In der bisherigen Literatur war es üblich, *einen* der jetzt angeführten Haftungsgründe in den Vordergrund zu stellen und möglichst alle Fälle der Haftung darauf zurückzuführen. Dieses Bestreben war zweifellos verfehlt.[60] Die obigen Haftungsgründe können offensichtlich untereinander konkurrieren, sei es sich gegenseitig unterstützend (siehe das Beispiel der Grossbetriebe), sei es einander paralysierend (z. B. ein Armer fügt einem Reichen einen Schaden durch eine in eigenem Interesse vorgenommene Handlung zu.).

Es ist aber doch nicht unmöglich, ein einheitliches Prinzip der oben behandelten Haftungsgründe zu entfalten, nur will man es nicht in der Art suchen, wie es bisher geschehen ist, nämlich *einem* derselben die Alleinherrschaft zuschreiben zu wollen, sondern man muss den hinter ihnen *allen* liegenden tieferen Gedanken suchen. Es ist ja nicht schwer einzusehen, dass es in der Tat einen solchen gibt. Denn offensichtlich sind alle oben aufgezählten Haftungsgründe nur sekundäre Erscheinungen, Sprösslinge desselben Stammes: sie sind alle Detailoffenbarungen des *Prinzips der Utilität.* — Es ist *darum* geboten, den aktiv Interessierten mit der Haftung

---

[57] Dass die Schadenverluste in die Betriebskosten eingerechnet werden müssen, daran erinnert richtig schon *Mataja* (Schadenersatz S. 24.), sonst würde die Bilanz der Produktivität des betreffenden Unternehmens falsch, wenn er ständig auf Kosten anderer (der vom Schaden Betroffenen) arbeitete.

[58] Finalität *(Sjögren* a. a. O. S. 418.), Gefährlichkeit (M. *Rümelin* a. a. O. S. 64. vgl. auch Schadenersatz ohne Versch. S. 52. f.), Korrelat der Persönlichkeit *(Strohal* am in Anm. 48. zit. O., auch M. *Rümelin* a. a. O. S. 67., *Jung* Delikt u. Schadeners. S. 148.), Gefahrgemeinschaft und Schadenverteilung *(Steinbach* Ersatz v. Vermögensschäden S. 78.).

[59] So richtig R. *Merkel* in der Zsch. f. H. R. Bd. 47. S. 561.

[60] So richtig schon G. *Rümelin* a. a. O. S. 301.

zu belasten, weil eine solche Anordnung im Interesse der gerechten sozialen Vorteils- und Nachteilsverteilung, also im Endergebnis im Interesse der Gesellschaft ist. Es ist im Interesse der ganzen Gesellchaft, wenn man den menschlich vermeidlichen Schäden *prävenieren* will (durch Verschärfung der Haftung und Eliminierung der Beweisschwierigkeiten). Es ist endlich ein reiner Utilitätsgedanke, den Tragfähigen der Verantwortlichkeit zu unterwerfen. Das liegt derart auf der Hand, dass es auch eines weiteren Beweises nicht bedarf.

Der schuldlosen Haftung liegt also ein einheitliches tieferes Prinzip zugrunde: das Prinzip der *Utilität.*

Kann man aber dabei stehen bleiben? Ist das Utilitätsprinzip nur ein Leitstern der schuldlosen Verantwortlichkeit? Huldigt etwa die Verschuldenshaftung einem anderen Herren?

Ich versuche die Frage in dem folgenden Punkt zu beantworten.

IV.

Ich habe oben (am Anfang dieser Schrift) der heutigen Theorie den Vorwurf gemacht, dass sie infolge Nichterkennens (oder vielleicht: Verkennens) der wahren Grundsätze der Einzelentscheidungen, zwischen Schuldhaftung und Kausalhaftung einen unberechtigten Unterschied gemacht, und auf diese Weise das Gebiet der zivilrechtlichen Verantwortlichkeit auf zwei Teile getrennt hat, welche die Willkür des Gesetzgebers zwar in dem Rahmen eines Gesetzbuches gewaltsam zusammenbringen kann, um mit dem einen die Lücken des anderen auszufüllen, welche aber die Theorie sorgfältig auseinanderzuhalten hat. — Ich deutete dagegen die Möglichkeit eines einheitlichen Systems an, in welchem diese beiden Haftungsarten harmonisch verschmelzen.

Die erste Hälfte des Beweises dieser Behauptung glaube ich oben (sub II.) dargebracht zu haben. Die Verursachung ist kein selbstständiger Grund der Haftung, wie wir gesehen haben, sondern sie ist nur *eine* der Komponenten derselben, und als solche ist sie *überall* anwesend, dagegen für sich allein genügt sie *niemals* zum Hervorrufen der Haftung. Damit ist wohl die Unmöglichkeit der Ausscheidung einer auf dem Verursachungsmoment beruhenden sog. Kausalhaftung als der Schuldhaftung gegenübergesetzten Haftungsart erwiesen.

Hier ist es angebracht, die zweite Hälfte des Beweises darzutun.

Man könnte nämlich den Grund des Unterschiedes vielleicht in dem Motive der Haftung, in dem von mir oben als dritte Ursache bezeichneten besonderen rechtspolitischen Moment suchen. Ist etwa die Verschuldenshaftung durch andere legislativpolitische oder sonstige Motive beherrscht als die Kausalhaftung? — Für Letztere haben wir die Herrschaft des Utilitätsprinzips festgestellt. Gilt etwa ein anderes auf dem Gebiete der Verschuldenshaftung?

Die jetzige Theorie hat die Frage nach dem Grund der Verschuldenshaftung kaum aufgeworfen. Sich auf das mächtige, aber unbewusste Gemeingefühl, auf die tausendjährige Tradition stützend, hat sie die Haftung für Verschulden als selbstverständlich, als einer Begründung nicht bedürftig erachtet.

Wir müssen die Frage aufwerfen.

Oben haben wir schon darauf geantwortet: warum wir die Verursachung mit der Haftung belasten. — Weil in ihr eine Normverletzung steckt. — Weitere Frage: warum verfolgen wir die Normverletzung?

Damit sind wir zum Grundproblem des ganzen Rechtssystems angelangt, worüber die Kriminalisten sich bezüglich ihres Rechtsgebietes seit einem Jahrhunderte streiten: warum strafen wir? Etwa deshalb: *quia peccatum est* — oder aber: *ne peccetur?*

Haben die Krimialisten bei Beantwortung dieser Frage gewisse Schwierigkeiten gehabt, — denn zu *strafen* pflegt man ja ausschliesslich[61] schuldhafte menschliche Handlungen: der Zivilist kann leicht und sicher auf die Frage antworten. Die Schuld kann an sich kein Grund der privatrechtlichen Verantwortlichkeit sein, da es in dem Privatrecht eine ganze

———

[61] Die geringen Ausnahmen können hier unbeachtet bleiben.

Serie schuldloser Verantwortlichkeitsfälle gibt. Mögen die Kriminalisten unter sich zu welchem Ergebnis immer gelangen: für das Zivilrecht steht es ausser allem Zweifel, dass die Schuld die Verantwortlichkeit nicht um ihrer selbst willen begründet, sondern weil in der Schuldhaftung eine mächtige rechtspolitische Ratio steckt, nämlich die der *Prävention.* (Das wird übrigens auch für das Strafrecht immer mehr und mehrt anerkannt und ist auch m. E. die einzig richtige Ansicht). Ich bezweifle, dass jemand auf dem Gebiete des Zivilrechts etwa die Anwendung der Vergeltungsidee behaupten könnte. Wir machen haftbar nicht *weil ein Schaden verursacht worden ist,* — das wäre eigentlich der Standpunkt des reinen Verursachungsprinzips! — sondern damit möglichst *kein Schaden verursacht werde.* Das ist das reine Utilitätsprinzip.

So gelangen wir zu dem Resultat. dass auch die dritte Komponente der beiden Haftungsarten ganz und gar dieselbe ist. Verschuldenshaftung und Kausalhaftung sind harmonische Teile eines und desselben Haftungssystems, welches auf dem Prinzip der Utilität als letzter Basis ruht. Jede theoretische Unterscheidung zwischen den beiden ist unberechtigt.

Die oben sub a)—e) angeführten rechtspolitischen Detailmotiven gelten also nicht nur für die Kausalhaftung, sondern für das ganze Haftungssystem. Es ist nur die Frage übrig, in welcher Rangordnung dieselben Haftungsgründe ihre Stelle in dem einheitlichen System einnehmen.

Ohne Zweifel gebührt der erste Platz unter ihnen der *Prävention.* Dieselbe ist ja die unbedingte, unerlässliche Voraussetzung, eine *conditio sine qua non* des Bestehens irgend einer menschlichen Rechtsordnung, da das menschliche Zusammenleben in erster Reihe durch gesellschaftswidrige menschliche Handlungen gefährdet wird, welche zu steuern also die allererste Aufgabe des Rechts ist. In dem durch die Normverletzung hervorgerufenen zivilrechtlichen Restitutionsbefehl ist zwar die Idee der Wiederherstellung die begrifflich erste, und die Prävention erscheint nur als eine Rückwirkung derselben, doch ist das Verhältnis beider zu einander vom Gesichtspunkte des praktischen Lebens und des Gesetzgebers aus gerade umgekehrt: es ist weit wichtiger den zukünftigen Schäden vorzubeugen, als die *in concreto* vorliegenden ersetzen zu lassen. Ohne eine energische Repression würde ja die Zahl der Schadenstiftungen sich derart vervielfältigen, dass sie jede wirtschaftliche Tätigkeit, ja das gesellschaftliche Zusammenleben unmöglich machen würden.[62]

Auch nach der Ausdehnung ihres Anwendungsgebietes gebührt der Vorrang der Prävention. Sie beherrscht vor allem das ganze Gebiet der Verschuldenshaftung. Darin ist eben die Erklärung der fast abergläubischen Verehrung und Anhänglichkeit, welche dem Verschuldensprinzip im Laufe der Jahrhunderte zuteil geworden ist. Die Hymnen, welche *Ihering*[63] und andere an dasselbe geschrieben haben, gelten in der Tat nicht ihm, sondern der in ihm enthaltenen Idee der Prävention.

Die Anwendung des Präventionsgedankens beschränkt sich aber nicht auf die Verschuldungshaftung. Sie überschreitet den Rahmen derselben und muss ihn überschreiten, nachdem erwiesen worden ist, dass die Prävention auch jenseits der Verschuldenshaftung heilsam wirken kann, und andererseits, dass die Verschuldenshaftung für die wirksame Prävention nicht hinreichend ist. Den schuldhaften Verletzungen muss präveniert werden, aber es genügt nicht, *nur* den schuldhaften Verletzungen zu prävenieren. So sind alle Kulturvölker der Gegenwart und der Vergangenheit dabei angelangt, verhüllt oder unverhüllt neben der Verschuldenshaftung eine weitergehende Haftung zu statuieren.

Die Prävention hat ihre oberste Grenze in der objektiven menschlichen Möglichkeit. Ihr Gebiet endet, wo das des *casus maior* beginnt. Wo alles menschliche Können aufhört,

---

[62] Ganz verkehrt *Mauczka* a. a. O. S. 125.: „Keineswegs kann man sie (die präventiven Wirkungen der Haftung) jedoch als Haftungsgrund verwerten. Denn eine Vorbeugung is nur möglich, wenn eine Willensbetätigung vorliegt, und dann ist diese und nicht der gesetzgeberische Nebenzweck der Hauptgrund." — Eine Willensbetätigung kann an und für sich kein Grund der Haftpflicht sein. Die Frage ist eben, warum eine Willensbetätigung haftbar gemacht wird? Was den Gesetzgeber veranlasst hat, eine Norm ergehen zu lassen, welche eine gewisse Willensbetätigung mit Ersatzpflicht belastet? Das ist, sage ich, die Prävention. Dieselbe ist also kein Nebenzweck, sondern der Hauptgrund der Haftung.

[63] Das Schuldmoment im röm. Privatrecht.

[64] Was den Begriff der höheren Gewalt betrifft, so ist dessen Wesen und seine gänzliche rechtspolitische Bedeutung zweifellos darin zu suchen, dass er die Fälle, in welchen alle Schuld oder der Verdacht der-

wo aller Zweifel, alle Verdächtigung schwindet, da verliert auch die Prävention ihren Boden.[64]

Das zweite Leitmotiv der Haftung ist das Prinzip des *eigenen* (aktiven) *Interesses.* Dasselbe gesellt sich als Hilfsprinzip schon dem Prinzip der Prävention zu. Die obenskizzierte, ohne Zweifel sehr schwere Verantwortlichkeit hat vernünftig nur ihre Berechtigung, wo die strenge Anforderung der Prävention durch die Rücksicht auf den Vorteil der haftbar gemachten Person gerechtfertigt wird, das heisst, wo der Schaden infolge einer in eigenem Interesse vorgenommenen Tätigkeit eingetreten ist. Die strenge Haftung ist das Ergebnis der beiden zusammenwirkenden Prinzipien: Prävention und Interesse. Ist das nicht der Fall, so würde dieselbe übertrieben sein. Die Prävention muss hier vor der aus unserer Menschennatur sich ergebenden Billigkeitserwägung zu-

---

selben schwindet, ausscheidet. (Vgl. die römische Definition: *casus cui humana infirmitas resistere non potest.).* Der Streit dreht sich auch bei diesem Begriff um die subjektive *(Goldschmidt)* oder objektive *(Exner)* Formulierung. Von den beiden ist auch hier die letztere wegen ihrer grösseren Sicherheit und Ständigkeit zu bevorzugen. — Es ist nur zu bemerken, dass der Begriff der höheren Gewalt infolge des Umstandes, dass die modernen Gesetzgebungen denselben gewöhnlich nur bei Haftung mächtiger, mit grossem Kapital und vollkommenen Einrichtungen arbeitenden Unternehmen (Eisenbahn, Post, Schiffe, Bergwerke etc.) anwenden, dem Römischen gegenüber etwas nach oben verschoben worden ist. Wir verstehen heute unter höherer Gewalt ein recht ausserordentliches, mit absolut unüberwindlicher Elementarkraft auftretendes Ereignis. Doch ist auch dieser Begriff, wenn zwar objektiv, aber *relativ* objektiv aufzufassen. Dasselbe Ereignis, welches für eine Eisenbahnunternehmung kein *casus maior* sein wird, muss für den einfachen Fuhrmann als ein solcher angesehen werden (z. B. die Waare verbrannte im Magazin der Eisenbahn oder in der Kammer des Fuhrmannes in Folge Blitzschlages oder wurde von Räubern weggeschleppt. *Incendium, impetus praedonum* waren bekanntlich in Rom Fälle des *casus maior.).* Wenn die höhere Gewalt als Schranke der Haftung auch in die gewöhnlichen Verhältnisse des Lebens eingeführt wird, so muss ihr letzter Massstab entsprechend herabgesetzt werden, auf *das* Mass, wo im gegebenen Falle kein Zweifel mehr überbleibt, dass der Unfall für den Schuldner (und für jeden Schuldner von derselben Kategorie von Menschen) unabwehrbar war. Damit wird der Begriff an absoluter Umgrenztheit gewiss verlieren, aber an innerer Gerechtigkeit gewinnen, da die *humana infirmitas* offenbar nicht bei jeder Kategorie von Menschen dieselbe ist. Es werden gewiss Fälle vorkommen, wo es unmöglich mit absoluter Sicherheit zu konstatieren sein wird, ob eine *vis maior* vorliege oder noch das menschliche Können etwas hätte helfen können. Z. B. der Kranke stirbt trotz aller Mühe des Arztes und obwohl die nach dem letzten Stande der Heilswissenschaft gebotene Heilmethode angewendet wurde. (Die Römer zählten bekanntlich auch die *mortes servorum animaliumque* zu dem *casus maior.)* Es wird am besten sein, wenn der Gesetzgeber sich der genauen Umschreibung des Begriffes enthält und dessen Bestimmung dem richterlichen Ermessen und der Wissenschaft überlässt.

rückweichen, dass die maximale Anspannung seiner Kräfte und Fähigkeiten nur von einem in eigenem Interesse Handelnden zu erwarten ist, und nur das eigene Interesse imstande ist, der unleugbar schweren Last dieser auch einen Teil des Risikos in sich schliessenden Verantwortlichkeit das Gegengewicht zu halten.

Das klassisch-römische Recht hat diese Anschauungsweise in Vertragsverhältnissen zur Geltung gebracht, indem es den Gratisschuldner *(depositarius, mandatarius)* nur für *dolus,* den, der aus dem Vertrage einen Vorteil zieht, für *culpa* und im gegebenen Falle für *custodia haften liess.*[65] Ich glaube (siehe Anm. 32.), dass dieselbe Auffassung im klassischen Recht auch in ausserkontraktlichen Verhältnissen zur Geltung kam, indem die *„et levissima culpa"* bei der Aquilischen Haftung auch die Fälle des niederen Zufalls in sich schloss. Diese Auffassung soll meiner Ansicht nach wiederbelebt werden.

Auf der anderen Seite folgt also aus dieser Stellungnahme, dass der im Interesse eines anderen Handelnde (z. B. der freiwillige Retter etc.) nicht dieser strengen Haftung unterworfen werden kann. *In diesem Falle* wirkt das

---

[65] Vergl. den trefflichen Aufsatz von *Kübler:* Das Utilitätsprinzip als Grund der Abstufung bei der Vertragshaftung im kl. röm. Recht. (Festgabe der Berl. Jur. Fak. für Gierke, 1910. S. A. S. 20. ff.) — *Kübler* stellt die Abstufungsskala von der im Text Gegebenen abweichend auf. Nach ihm haftete der Schuldner im klassischen Recht da, wo er keinen Nutzen aus dem Geschäfte zog, für *dolus,* wo beide am Vertrag interessiert waren, für *culpa,* endlich wo er allein den Vorteil hatte, auch für *custodia.* Diese Aufstellung ist aber weder logisch, noch entspricht sie den Quellen. Sie ist nicht logisch, weil in der Frage, wie die Haftung des *Schuldners* sich gestalte, logisch nur das Interesse des *Schuldners,* nicht auch seines Gegners in Betracht kommen kann. Der Umstand, dass der Gläubiger etwas unentgeltlich (aus Gefälligkeit) geleistet (z. B. eine Sache zum Gebrauch geliehen) hat, akzentuiert zwar gewiss nach unserem moralischen Sinn und Anstandsgefühl die Verpflichtung des Schuldners, aber dieses moralische Superplus genügt nicht, eine besondere Kategorie zu bilden, um so weniger als schon die nächstuntere Stufe (gemeinsames Interesse) unserem Empfinden nach genügt, dieselbe Custodiapflicht zu begründen. — Die Ansicht *Küblers* widerspricht ferner den Quellen, indem dieselben nicht nur den Kommodatar, den Nutzniesser, sondern auch den Faustpfandgläubiger, den Verkäufer, den conductor operis, den conductor rei (letzteres bestreitet Kübler) haften lassen. *Kübler* behandelt diese Fälle als Ausnahmen (S. 34.). Doch würde diese grosse Zahl der Ausnahmen die Geltung der Regel selbst problematisch machen. Übrigens sprechen die Quellen selbst nur von zwei Möglichkeiten, nämlich: *si utriusque contrahentis commodum versetur* und: *sin unius solius.* D. 31. 108. 12. *(Africanus).* Ebenso *Coll.* 10. 2. 1—3. *(Modestinus),* D. 13. 6. 5. 2. *(Ulpianus).* etc.

Prinzip des aktiven Interesses *einschränkend,* und muss der Massstab der Verantwortlichkeit bis zum Verschulden des Handelnden herabgesetzt werden, wobei natürlich das Verschulden in seinem echten (subjektiven) Sinn genommen werden muss.[66]

Zwischen den beiden extremen Erscheinungsformen (Handeln in ausschliesslich eigenem oder ausschliesslich fremdem Interesse) kommt die Interessenlage im Leben in unendlichen Varianten vor (gemeinsames Interesse mit wechselnder Intensität für die eine oder die andere Partei). Das wird natürlich die Intensität der Verantwortlichkeit in entsprechender Weise beeinflussen. Um dem wahren Verhältnis gerecht werden zu können, soll der Richter die Befugnis haben, die Haftung nach seinem freien Ermessen und seiner Billigkeitserwägung dem konkreten Falle anpassen zu dürfen. Es ist darum ein Ventilparagraph wie Art. 44. des Schweiz. Obligationenrechts (nur umfassender formuliert) unbedingt erforderlich.[67]

---

[66] Die Klassiker liessen den nicht interessierten Schuldner nur für *dolus* haften. Doch im justinianischen Recht wurde die *culpa lata* dem *dolus* „adnumeriert." Statt Letzterer substituiere ich die echte subjektive *culpa.* (Vgl. die oben Anm. 28. a. E. Gesagte).

[67] Dieselbe Erwägung wird den richtigen Ausgang für die Entscheidung über die Verantwortlichkeit der *Angestellten* geben. *Müller-Erzbach* (A. f. C. P. Bd. 106. S. 388. f.) kommt in dieser Frage zum Ergebnis, den im Interesse eines Geschäftsherrn arbeitenden Angestellten nur wegen *grober Fahrlässigkeit* haften zu lassen. Dazu ist Zweierlei zu bemerken: 1. dass unter *grober* Fahrlässigkeit, wie ich glaube, eigentlich auch hier (wie oben in Anm. 28.) die subjektiv bemessene (echte) Fahrlässigkeit verstanden werden soll; 2. M. E. übersieht, dass auch der Angestellte in gewissem Masse in seinem eigenen Interesse (gegen Belohnung) handelt, wenn auch das *Haupt*interesse gewiss nicht bei ihm, sondern bei dem Geschäftsherrn ist. Die Interessenlosigkeit kann also hier nicht seine haftungseinschränkende Wirkung in vollem Masse entfalten, besonders nicht dem Geschäftsherrn gegenüber. Ich glaube nicht, dass die blosse Verschuldenshaftung, um so weniger eine abgeschwächte Verschuldenshaftung in der letzteren Beziehung der Anforderung des Lebens (der wirksamen Prävention) entsprechen würde. Besonders die Beweisschwierigkeiten liegen auch hier zu Ungunsten des Herrn meistens vor. — Doch ist M.-E.'s Gedanke nicht ganz und gar grundlos. Es ist handgreiflich, dass die Tätigkeit des Angestellten in erster Reihe im Interesse des Dienstherrn vorgenommen ist, es ist also unmöglich, den ersteren für jeden niederen Zufall ohne weiteres haftbar zu machen. Unfälle mit absoluter Sicherheit zu vermeiden, steht über dem menschliche Können; solche würden in gewisser Anzahl vorkommen, selbst wenn der Geschäftsherr die Arbeit selbst vollziehen würde. Auch die pedantischste Hausfrau kann nicht von sich sagen, dass sie niemals einen Teller, ein Glas zer-

Ist also das Prinzip des eigenen Interesses in seiner ersten Funktion ein Mithelfer und zugleich ein Kontrolleur der Präventionstendenz, so kann es andererseits das Gebiet der Prävention überschreiten und daselbst als selbsttsändiger Grund der Haftung dienen. Es gibt Fälle, wo jemand auch wegen *casus maior* (— den Kausalzusammenhang natürlich vorausgesetzt! —) vernünftig haftbar gemacht werden kann. — Die positive Gesetzgebung ist freilich weit entfernt dies anzuerkennen. Jedoch mit Unrecht. Ich kann darin keine übertriebene Forderung sehen, dass z. B. die mit grossem Kapital arbeitenden Betriebe verpflichtet werden, ihnen in der in ihrem Interesse betriebenen Arbeit umgekommenen oder verkrüppelten Leuten (bzw. ihren Angehörigen) einen Ersatz zu zahlen, selbst wenn der Unfall durch höhere Gewalt verursacht worden ist.[68] — Auf diesem Gebiet kann allein das Interesse und neben ihm noch — in gegebenem Falle — das dritte Prinzip, die *Tragfähigkeit* dem gesetzgeber als Anhaltspunkte dienen. Jedes von ihnen für sich allein, umsomehr beide zusammen, können noch immer ausreichen, die Haftung zu begründen. Sie bewegen sich aber zweifelsohne auf Grenzgebieten. In ihnen betätigt sich nicht jene imperative Forderung der Defensive der Gesellschaft, welcher die Prävention ihre überwältigende Kraft und Bedeutung dankt, sondern die gerechte Zerteilungstendenz der Billigkeitserwägung. Darum ist es von gesetzgeberischem Standpunkt geboten, dieselbe unter die Kontrolle des freien richterlichen Ermessens zu setzen.

*

---

brochen habe. Der Angestellte kann also für *diesen Teil* der Unfälle nicht haftbar gemacht werden, dieselbe soll der wahre Interessent ertragen. Doch kann andererseits seine Verantwortlichkeit nicht bei der Schuldhaftung belassen werden, weil eine solche Anordnung das Verantwortlichkeitsgefühl allzusehr lähmen und das in der strengen Haftung steckende antreibende Moment nicht ausbeuten würde. M. E. ist hier keine andere beruhigende Lösung möglich, als die gewöhnliche strenge Haftung aufrechtzuerhalten, aber die billige Beurteilung dem Richter in dem konkreten Falle durch den Ventilparagraph zu ermöglichen. — Was nach innen, dasselbe gilt auch nach aussen. Gegenüber einem Dritten, dem der Angestellte einen Schaden zugefügt hat, haften beide (Herr und Angestellter) gleich. Praktisch wird natürlich meist die Haftung des Ersteren, doch kann auch die des Letzteren zur Wichtigkeit gelangen (z. B. bei Konkurs des Herren).

[68] So richtig, zwar mit anderer Begründung, *Müller-Erzbach* a. a. O. S. 373.

Um zum Schluss das Gesagte in einer durchsichtigen Form anschaulich zu machen, versuche ich hier die leitenden Sätze meines *einheitlichen* Systems in der knappen Redeweise des Gesetzes wiederzugeben, wie es meiner Ansicht nach in einem BGB heissen sollte:

Titel: *Schadenstiftungen.*

§. x.

Jeder ist verpflichtet, den Schaden, der infolge seiner Tätigkeit oder seines Verhaltens einem Anderen widerrechtlich zugekommen ist, wenn derselbe anderswoher nicht ersetzt wird, zu ersetzen, — es sei denn, dass der Schaden Folge eines äusseren, in den gegebenen Verhältnissen offenbar nicht abwendbaren Ereignisses (höhere Gewalt) war.

§. x + 1.

Der Geschäftsherr haftet im Sinne des vorigen §.-en für den Schaden, den seine Angestellten oder Arbeiter in Ausübung ihrer dienstlichen oder geschäftlichen Verrichtungen verursacht haben.

Der Geschäftsherr kann auf denjenigen, der den Schaden gestiftet hat, insoweit Rückgriff nehmen, als dieser selbst im Sinne des vorigen §-en eigener Person schadenersatzpflichtig ist.

§. x + 2.

Ist der Schaden als Folge einer Handlung oder sonstiger Tätigkeit eingetreten, welche der Handelnde ausschliesslich in erlaubtem Interesse eines Anderen (z. B. zur Abwehr einer drohenden Gefahr u. s. w.) vorgenommen hat, so haftet er Letzterem gegenüber nur, wenn ihm ein Verschulden (Absicht oder Fahrlässigkeit) zur Last fällt.

Die Fahrlässigkeit ist nach den eigenen Fähigkeiten der Handelnden zu beurteilen.

§. x + 3.[69]

Hat der Geschädigte in die schädigende Handlung eingewilligt oder haben Umstände, für die er einstehen muss, auf die Entstehung oder Verschlimmerung des Schadens eingewirkt oder die Stellung des Ersatzpflichtigen sonst erschwert, so kann der Richter die Ersatzpflicht ermässigen oder gänzlich von ihr entbinden.

§. x + 4.

Auch ausserhalb des Falles des vorigen Paragraphen ist der Richter befugt, den zu leistenden Ersatz zu ermässigen oder davon gänzlich abzusehen, wenn die Ersatzpflicht nicht aus schuldhaftem Verhalten des Ersatzpflichtigen entsprungen ist und überdies die Billigkeit mit Rüchsicht auf die vorhandenen Umstände, insbesondere auf die Interessenlage und die Vermögensverhältnisse der Parteien es erheischt.

Unter der Voraussetzung des letzgenannten Billigkeitsmomentes ist der Richter andererseits befugt, die Ersatzpflicht auch in dem Falle festzustellen, wenn der Schaden im Betriebskreise eines Grossbetriebes (Bergwerks, Fabrik, Verkehrs- oder sonstigen Unternehmens) durch höhere Gewalt herbeigeführt ist.

Weitere Details interessieren uns hier nicht.

---

[69] Art. 44. Abs. 1. des Schweiz. Obl. Rechts.

V.

Am Ende noch einige Schlussbemerkungen!

1. Diejenigen, welche das Schuldprinzip — wegen seiner Mangelhaftigkeit — fallen lassen und an Stelle desselben in dem Momente der Verursachung oder Gefährdung neue Fundamente zu finden glauben, werfen das alte Prinzip ganz und gar weg und geben so den in ihm unleugbar innewohnenden haftungsbegründenden Wert verloren.

In dem von mir proponierten System hat dagegen das Verschuldensprinzip zwar seine kategoriebildende Position verloren, nicht aber seine innere Bedeutung. — Was in ihm auch bisher wertvoll und lebende Kraft war, die Idee der Prävention, das bleibt und wirkt weiterhin als Achse meines Systems fort, woneben jedes andere Prinzip nur eine sekundäre Stelle einnehmen darf, da es — ich wiederhole es — eine Existenzbedingung einer jeden Rechtsordnung ist, sich gegen schuldhafte Angriffe zu verteidigen, während alle übrigen Haftungsarten nur zur Vervollkommnung des Systems dienen.

Seine kategoriebildende Position hat ja das Verschuldensprinzip auch nicht wegen der Mangelhaftigkeit seines inneren Wertes verloren, sondern allein deshalb, weil es sich praktisch nicht ausgedehnt genug erwies, um dem ihm innewohnenden Prinzip der Prävention die volle Entfaltungsmöglichkeit zu bieten. Einer fortgeschrittenen sozialen Einrichtung genügt die Schuldhaftung nicht mehr.

Es hat aber auch eine gewisse sekundäre kategoriebildende Wirkung behalten, da, wo es dazu geeignet ist. Einen Fall haben wir schon oben gesehen (Schuldhaftung bei den nicht in eigenem Interesse vorgenommenen Handlungen). Ein zweiter Fall: weitergehender Ersatz bei schuldhafter, als bei unverschuldeter Verursachung (Code civ. art. 1150. Schw. Obl. R. art. 51., Ung. Entw. §. 882. 2.) oder Haftung für immaterielle Schäden beim verschuldeten Verhalten (Schw. Obl. R. art. 49., Ung. E. §. 883.).

Dagegen hat es den Vorteil gewonnen, dass das von mir proponierte System den Verschuldensbegriff sich selbst zurückgibt, indem es ihn von den objektiven Momenten gereinigt, welche Theorie und Praxis, um ihn den Bedürfnissen des Lebens anzupassen, in ihn hineininterpretiert und dadurch sein echtes Wesen verfälscht haben. Dieses System stellt die Einheitlichkeit des Verschuldensbegriffes in *allen* Rechtsgebieten wieder her, es bringt den privatrechtlichen Schuldbegriff mit dem strafrechtlichen, ja weitergehend, mit dem ethischen in Einklang. Nur dadurch wird das Verschulden zu einem *wissenschaftlich nutzbaren Begriffe.*

Der Grossmeister des ungarischen Privatrechts, Benjamin *Grosschmid* stellt oft in seinen Schriften folgende Stufenreihe der Erkenntnis auf:

erste Stufe: zu glauben, dass ein Satz die absolute und endgültige Wahrheit ausspricht, — darum blindlings an dem betreffenden Satz festzuhalten;

zweite Stufe: sich überzeugen, dass der in Frage stehende Satz *nicht* die absolute und endgültige Wahrheit in sich schliesst, — darum den ganzen Satz *wegzuwerfen;*

dritte Stufe: zu erkennen, dass der Satz, wenn zwar nicht die absolute und endgültige, doch eine nutzbare relative Wahrheit enthält, darum ihn auf der ihm mit Recht gebührenden Stelle *wiederherzustellen.*

Die Theorie der Verschuldenshaftung steht auf der *ersten* Stufe; die ihrer Gegner auf der *zweiten,* ich stehe auf der *dritten.*

2. Es bleibt noch übrig, mit einer voraussehbaren Einwendung abzurechnen, mit jener nämlich, dass mein System in der Praxis zu einer übertriebenen Strenge führen würde.

Ich bekenne vor allem das, was in dieser Einwendung richtig ist: mein System ist in mancher Hinsicht wirklich strenger als das jetzige. Aber nur in *mancher* Hinsicht, hie und da in den Details. Denn auch das bisherige System hat schon kraft seines umgedeuteten Verschuldensbegriffes und kraft der in das System eingeschalteten „Ausnahmen" den Menschen für den überwiegenden Teil dessen verantwortlich gemacht, was das von mir proponierte System in sich einschliesst. Das deutsche BGB ist in dieser Hinsicht nicht als Musterbild heranzuziehen, da dasselbe mit seinem Konservativismus allbekanntlich den Anforderungen nicht immer gerecht wurde. Aber wenn z. B. der ungarische Entwurf zum Gesetze wird, nach dessen oben am Anfang zitiertem §. 1486.

(1489.) wird zur Last meines Systems nur auf zwei Punkten eine gewisse Haftungsverschärfung zu konstatieren sein: erstens darin, dass im Gebiete der unverschuldeten Schadensstiftung die Billigkeitserwägung im System des Entwurfes als ein haftungs*begründendes,* bei mir als ein haftungs-*einschränkendes* Moment eingestellt ist, zweitens dass dort, wo die Haftung hauptsächlich auf Grund des eigenen Interesses und der Tragfähigkeit fusst (also besonders bei Betriebsunfällen), die Verantwortlichkeit nach meiner Ansicht auch den *casus maior* umfasst, nach dem Entwurfe nicht. Keiner der beiden Fälle ist von Belang. Bei dem ersteren laufen die beiden entgegengesetzten Vorgehensweisen praktisch ungefähr auf eins hinaus. Beim letzteren ist in der Haftungsverschärfung keine Gefahr, da eine ausgebaute Unfallsversicherung der Frage die Spitze abbricht.[70]

Die auf die Strenge der Haftung hinweisende Einwendung nimmt aber zuweilen eine Form an, deren Berechtigung ich bestreiten muss.

Gegen die Kausalhaftung wurde ins Feld geführt, dass sie die *freie Bewegung* des Menschen überaus hemmen würde.[71] Dazu kommt bei *Unger*[72] noch die Bemerkung, dass die erwünschte erzieherische Wirkung der Kausalhaftung sich nur dann erweisen werde, wenn diese Haftung nur ausnahmsweise angewendet wird. Dagegen würde die Verallgemeinerung derselben genau die entgegengesetzte Wirkung auslösen. „Wer würde noch auch nur die gewöhnlichste Sorgfalt anwenden, wenn er zu befahren hätte, dass er ungeachtet aller Diligenz stets für den trotzdem eingetretenen Schaden zu haften hätte.“ — Beide Gedanken fasst M. *Rümelin*[73] zusammen: „Eine Durchführung der Causalitätshaftung würde ... die individuelle Freiheit der Bewegung in unerträglicher Weise beschränken. Wenn die gewöhnlichsten Lebens-

---

[70] Die materielle Belastung, welche aus dieser verschärften Haftung für die Grossbetriebe entsteht, ist vielleicht auch nicht so gross, wie man das ohne Zahlenangabe vorauszusetzen geneigt ist. Nach der Mitteilung von *Mataja* a. a. O. S. 59. Anm., hat der Gesammtbetrag der Ersatzleistungen, welche die deutsche Eisenbahnen infolge des 1871-er Haftplichgesetzes im Betriebsjahre 1881—2. ausgezahlt haben, nur 384.000 M. ausgemacht.

[71] S. die Literatur bei *Mauczka* a. a. O. S. 97. f.

[72] Handeln auf eig. Gef. S. 133.

[73] Schadenszurechnung S. 28.

äusserungen, Essen, Trinken, Spazierengehen, Schlafen, Anzünden eines Lichtes oder Feuers ohne jede Rücksicht auf Verschulden oder besondere Gefährdung Dritter zum Ersatz führen könnten, so würden in der Tat wenig erquickliche Zustände sich ergeben. Der Ängstliche könnte seines Lebens nicht mehr froh werden, der Leichtsinnige würde, wie *Unger* richtig bemerkt, auch die gebotene Vorsicht ausser Acht lassen."

Dieser Gedanke hat in der Literatur eine Karriere gemacht. Er findet innerhalb und ausserhalb Deutschlands fast bei jedem Schriftsteller seinen Widerhall. Doch wie wohl der Satz auch klingt, so wenig Wahrheit hat er für sich. Ich glaube nämlich, dass die Bedenken, welche er ausspricht, entweder grundlos oder wenigstens übertrieben sind. Sie sind grundlos insofern, als auch die gesteigerte Haftung sich auf Unfälle, die mit menschlichem Können überhaupt unvermeidbar sind *(casus maiores),* nicht erstreckt, so ist die Einstellung, dass jemand „ungeachtet aller Diligenz", „stets" zu haften hätte, falsch, da im Bereiche des sog. niederen Zufalls noch immer eine gewisse statistische Anzahl von Unfällen aller Lebenserfahrungen nach vermieden werden kann, so ist der Kampf gegen Letztere nicht ganz und gar hoffnungslos. — Sie sind wenigstens übertrieben insofern, als selbst diese gesteigerte Haftung nicht jene erdrückende Lebensangst bedeutet, wie es *Rümelin* so farbig ausmalt. Vor allem ist zu bemerken, dass Unfälle den Menschen nicht nur in dem Sinne treffen, dass er dadurch *andere* beschädigt, sondern öfters treffen ihn solche, welche *ihn selbst* beschädigen. Der Kampf gegen die schädigende Kräfte der Natur ist eine der wichtigsten Aufgaben eines jeden Menschen oder menschlichen Unternehmens. In dieser Hinsicht trägt also jeder genau dieselbe schwere, von Rümelin beanstandete Verantwortlichkeit sich selbst gegenüber, in Führung seiner eigenen Angelegenheiten, welche für ihn doch die wichtigsten sind, in Betreff der Schädigungen, welche durch Naturkräfte verursacht werden können. Letztere kennen ja keine Schuld und keine Unschuld, auch Ausflüchte nicht, sie wollen gar von dem gesetzlich statuierten Diligenzmassstab des *bonus paterfamilias* nichts wissen, machen ja auch keinen Unterschied zwischen Willensfehler und Intelligenzfehler, sondern bestrafen die kleinste Unterlassung, Bequemlichkeit, Vergesslichkeit, Verfehlung oder Unwissenheit, Ungeschicklichkeit oft mit schweren Verlusten. Diese Einbusse, welche so erfahrungsgemäss trotz allem Wohlwollen, trotz aller Anstrengung den Menschen seitens der Natur zu treffen pflegen, wären noch vollauf genug, jenen Ängstlichen zu Tode zu verbittern, jenen Leichtsinnigen zum Aufgeben des Kampfes zu bestimmen, wenn *Rümelins* Bedenken richtig wäre.

Und was die Beschränkung der individuellen Freiheit der Bewegung betrifft, so muss man sich mit dem Gedanken zufrieden geben, dass jede rechtliche Regulierung eine Beschränkung der freien Bewegung bedeutet. Die Frage ist nur, welche der beiden für die Gesamtheit vorteilhafter ist, die freie Bewegung des Individuums oder die rechtliche Regulierung. — Nun sind die Schilderungen, welche man über die Freiheitsbeschränkung durch die strengere Haftung zu geben pflegt, m. E. weit übertrieben. Wenn man die diesbezüglichen Äusserungen einzelner Schriftsteller liest, sollte man glauben, dass es sich hier um das letzte Stück Freiheit handelt, das durch die verschärfte Haftung dem Menschen geraubt wird. Dem ist aber schlechterdings nicht so. Denn der Fall, dass man durch seine Tätigkeit einem anderen einen Schaden zufügt, ist bei einer geringen Aufmerksamkeit und einem gewissen Wohlwollen verhältnismässig selten. Und selbst wenn er trotz allem vorkommt, wird jeder Mann von raffinierterem moralischen Sinn und Anstandsgefühl als seine Pflicht fühlen, den verursachten Schaden möglichst zu ersetzen, — es sei denn, dass der Unfall nicht zum *casus maior* gehört. (also dass sein Vorgang selbst in seinen eigenen Augen nicht als *prima facie* schuldlos erscheint).

Aber abgesehen von solchen Feinsinnigkeiten hat die Medaille zwei Seiten. Mit der Herabsetzung des Verantwortlichkeitsmasstabes werde ich zwar von dem Ersatz gewisser Schäden, welche ich anderen zugefügt habe, befreit, andererseits muss ich aber die Schäden ertragen, welche andere mir zufügen. Und umgekehrt: die Steigerung der Haftpflicht bedeutet für mich nicht nur eine Last, sondern gegebenenfalls auch einen Vorteil. Die beiden — scheint es — gleichen sich untereinander aus: was ich auf einer Seite gewonnen habe, verliere ich auf der anderen wieder.[74]

In der Wahrheit wird aber die Sache sich schlimmer gestalten. Da in der grossen Masse der Menschen die statistische Anzahl der vorzüglichen Individuen offenbar weit geringer ist, als die der mittelmässigen oder gar unnützen, wird die heutige Anordnung notwendig dahin führen, dass je sorgfältiger und erfolgreicher ich in meinen eigenen Handlungen bin, (je höher ich über dem Durchschnittmass stehe), ich desto mehr der Menge meiner minder achtsamen und geschickten Mitmenschen gegenüber verliere. Die heutige Anordnung belastet gerade die fleissige, tüchtige Minderheit zum Vorteil der nachlässigeren, schwerfälligen Mehrheit. Eine wirklich umgekehrte Selektion, eine verkehrte soziale Bestrafung und Belohnung!

Welche die erhabenere, befriedigendere, welche die schwerer erträgliche, geradezu demoralisierende Lösung ist, das kann ich der Beurteilung des Lesers überlassen.

---

[74] Der Gedanke schon bei *Adler* Unverschuldetes Unrecht, 1910. S. 19., der nicht ohne Recht darauf hingewiesen hat, dass der Vorwurf der Einengung der Bewegungsfreiheit auch dem Verschuldensprinzip gemacht werden kann, da gewiss eine Einengung meiner Freiheit darin liegt, wenn andere mir haftungsfrei Schäden zufügen können. (Vgl. *Müller Erzbach* a. a. O. S. 375.).

FSC
www.fsc.org
MIX
Papier | Fördert
gute Waldnutzung
FSC® C083411

Kolibri 360 GmbH
Ferdinand-Jühlke-Straße 7
99095 Erfurt, Deutschland
produktsicherheit@kolibri360.de